U0057809

AQUARIUS

AQUARIUS

AQUARIUS

AQUARIUS

Vision

一些人物，
一些視野，
一些觀點，
與一個全新的遠景！

獄卒 ~~談~~ 人性工程師
不畫會死
Draw Or 圖 die

林文蔚

獄卒因畫不鬱卒

　　文蔚找我寫序，我欣然答應。理由很簡單，古往今來，凡為人作序者皆非無名。然本人之所以得名，實因少年懵懂、青年流浪、壯年走險，以致中年坐困長牢而來，難得名亦惡名也。文蔚敢找我如此惡人給他的繪本染「色」，果然色膽包天無畏千夫指。

　　打從人類發明監獄以來，管理者與被管理者從來就是處於一種既對立又共生的關係，尤其是管理者不能像地藏王菩薩地獄皆空成佛去也。設若真有這麼一天監獄空空無囚，文蔚除了另謀生計外只能專志於書畫，來日成為名家好藝壇留芽。但，依照老子的說法，「法令滋彰，盜賊多有」人類絕無可能步入禮運大同篇中所幻想的境界，那文蔚這監獄職差只怕還有得幹，而他三不五時速寫監獄生活點滴的「必習」也差幸當下已非戒嚴年代，否則我們的文蔚如此這般畫畫意念，獄卒不畫會不會死不知道，他家娘子小P拎著菜看跟老公隔窗訴情的景況恐不能免也。

　　文蔚說，這一頁一頁的速寫靈感來自於宜蘭監獄隔離舍目視頭號搶擊案犯「寧山甲」每天上午放封半小時運動的情狀有感而發，抓筆而畫，偶又以文作記，另加注解，從此一發不可收拾。後來，文蔚的作品在各地辦展覽，跟

各界作交流，更讓他所屬單位各級長官神經緊繃了起來，聽他說曾有長官含蓄地告訴他，多畫些監獄裡光明的一面別老凸顯那些不足與外人道的情景嘛。我不禁覺得好笑，文蔚的作品如實呈現了監獄生活的種種，他用他的眼他的筆不斷地捕捉真實的人情人性，他就像個勤奮又熱情的園丁，不但忠於職守，更在其中覓得旨趣，而那些所謂不夠光明的情景不正是導向光明的指標嗎。文蔚若真的服從等因奉此長官的曉諭，那他的速寫畫集大概三兩頁就搞定了。

我大半生跟不少獄卒獄吏交手過，有衝突有妥協。在某種意義上，文蔚是「官」我是「賊」。中國俗話中有「官與賊，一牆之隔也」的說法。在歷史上，在現實中，作賊的當官，當官的作賊，不勝枚舉，套句現代術語就是漂白或染黑。其實在這非黑即白的轉變過程中還有一大段灰色調的地帶才見真實。文蔚能在刻板制式思維僵化的職場環境中不受束縛畫其所見畫其所思不為五斗米而唯唯諾諾，這可比我當時長坐囚室飽食終日空思亂想只做書蟲米蟲強太多了。

西漢初，平定呂氏之亂的太尉周勃曾因流言被押在大牢裡，有冤難訴。幸經獄吏幫助辯白才平反出獄，史書上留下了一句他的名言「

吾嘗將百萬軍，然安知獄吏之貴乎！」

　　有人對獄吏獄卒這老掉牙的名稱不滿，認為它帶有貶意，這是沒有歷史常識的認知，千百年來，基層獄卒能留名傳世的難見一二，可當世總算出了個不妄自菲薄的林文蔚來出頭爭氣，攪皺它一池春水。這樣的獄卒一點也不鬱卒呀。

　　是為序

連金川
2013.9.2

【推薦序】牆內，牆外

尤美女（立法委員）

　　隔行如隔山，監所高牆阻絕了兩個世界，牆內的管理者與被管理者的真實生活對外面的人是一層謎，在牆外的人永遠無法得知高牆內的實況。本書作者林文蔚先生透過妙筆將高牆內的形形色色、人情百態以鋼筆速寫公諸於世，讓我們深思在號稱「人權立國」已將「兩公約」國內法化的我國，究竟對獄政改善多少？

　　在超收與擁擠的現況，加上以折損人的尊嚴、加諸給受刑人的屈辱與封閉的獄政管理，能收多少矯正之效，均令人質疑。

　　本書是所有人權團體、矯正機關及關心獄政的朋友們必讀的一本發人沉思的書。特此推薦！

【推薦序】離我們並不遙遠的監所人生

羅秉成（冤獄平反協會理事長、律師）
羅士翔（冤獄平反協會執行長、律師）

　　宜蘭監獄管理員林文蔚先生，用手上的筆在4×6公分大小的紙上，一筆一筆將圍牆之後的場景描繪出來，讓我們見到這個社會真實存在的一幕，這些收容人是被無視的、被視而不見的、被不忍卒睹的。這些不畫會死的創作，不看不會死，但只要打開來，我們就自然而然的墜入其中，停不下來，跟著林文蔚的文字一張一張看下去。林文蔚並不大聲控訴那裡的人權如何低落、敗壞，也沒有揮舞大旗要求改革，而是讓這些圖來告訴我們那裡正在發生的事情，而那裡離我們並不遠。

　　根據法務部統計，至二〇一三年七月底，監所總收容65,507人，其中核定容額為54,593人，超額10,914人，逾收比率為20%。其中，高雄第二監獄超額776人（比率45.1%）、台北監獄超額1,218人（比率45%），而林文蔚所待的宜蘭監獄，超額747人(比率34.3%)。這些數字告訴我們監所擁擠不

堪的現況，近幾年監所收容人總數居高不下，平均每人僅0.4坪的囚房空間，早已不是新聞，但在外頭的人也都只看到冰冷的數字而已，林文蔚的創作清楚的告訴我們「超額收容，監所擁擠」這八個字是什麼意思。在圖032「九個囚犯睡地板」這張圖，我們看到那擁擠的情況，九個人躺下之後地板已無更多的空間。而房內當然沒有冷氣，電扇與抽風機會在夜裡自動關機，在酷暑的夏日，樓上的房間叫烤箱，樓下的叫作蒸籠。「汗已蒸乾油欲滴」，林文蔚幾張圖、幾句話，讓這些統計數字有了具象的鮮活畫面，這與關洪仲丘的禁閉室何異？

年初，兩人權公約國際審查結論性意見第六十點，提及我國監所超額收容造成嚴重的人權侵害狀態，除了因為超額導致的生活環境惡化外，超額也使得監所管理更加困難，終致管理方針傾向戒護、防逃，管理員縱然感受到自己可能正在製造人權侵害，但也莫可奈何。圖102「新收房的人數表」，一名管理員要負責629名收容人，「累都累翻了，怎麼還有心力顧及每一位收容人？」圖073「老病人」，雙腳截肢仍被上了鎖鏈的老病人抱怨他根本跑不掉了，怎麼還要受到這樣的對待。圖071「鎖鏈」，收容人進了開刀房仍然不能卸下戒具。

官方解決監所超額的作法是擴建、增建監所，卻未考量

到超額收容的一大關鍵因素是再犯率逐年攀升，在二〇〇二年入監的受刑人，有前科者共12,670人，占該年比率46.9%，而到了二〇一二年，25,447名入監的受刑人，有前科者占72%，一旦受囚，生命與監禁就此糾纏。高前科比率代表的是監所教化作用失效，監所經驗並不是讓人不再返回監所，而是讓人不再返回社會。

他告訴我，他每天祈禱不要出去，因為在監內很好，他得以活下去，在社會他只會餓死。

乍似遙遠的故事，原來正在我們周圍發生。

本書最令人感動之處在於林文蔚擱置了罪犯的污名，不偽善的關懷收容人的處境，進而有著每個人都是導師的體悟。在此，我們看見本來被機構抹去五官的人，又有了些鮮明的面貌。一則又一則的人生，不只是故事，也不只是數字。

直擊行刑現場的創作，也讓我們看見矯正政策的虛偽與媚俗。滿腹心事，不畫會死的林文蔚，想必也讓人擔心「畫了會不會死」。

過去，國家與監所收容人的關係被視為「特別權力關係」，軍隊、校園、監所都是特別權力關係的一種，軍人、

學生、被收容人必須接受國家機構的安排與處理，「權利不被認真看待」，其中又以監所位於邊緣角落，最為黑暗，收容人的犯罪污名更讓他們的人權侵害狀態被視為理所當然。身處其中的被收容人也容易自我矮化，認定自己不配享有太多權利，而管理員也很容易陷入這套權力關係，對他人尊嚴被踐踏的情況無感，維持平庸。自此而論，林文蔚不把潛規則視作理所當然、不同流於機構思維的創作更顯珍貴。

誠如林文蔚所言，過去論及司法改革時，少有關注監所議題，整個社會乃至這個政府強調重刑化的思維，但卻未關照刑罰執行的正當性以及監禁空間的惡化問題。感謝本書的出版，讓我們有一個開始理解監所的機會，迫使我們繼續思索刑罰的意義。林文蔚用這本書告訴我們「畫了不會死」，光必須照入牆內。

《獄卒不畫會死》

目錄

Chapter 1

獄卒與囚牢

Ewan

　　我的小小幸福

宜蘭監獄坐落在離太平山不遠的山腳下，

冬季，風挾著山上的寒氣吹拂而下，

那種冷，直透骨髓。

在夜裡值班的我，

有時會偷偷羨慕牢房裡的人犯，可以裹著被，

在溫暖的夢鄉裡，一覺到天明。

下班後的我，

終於在熱咖啡、暖爐、棉被窩裡，

找到了生存的意義。

夏季，太平山神擋住了所有吹向祂的風，

渾身黏膩膩的我又開始羨慕身著汗衫和短褲的人犯。

夜裡的牢房，

樓下的叫蒸籠，

樓上的是烤箱。

在走廊值班的我，比起他們稍稍幸運，

每三個鐘頭可以去冷氣房冷卻一下下。

泳池畔，

冰淇淋、看不盡的比基尼、古銅色的胴體，

那是在「人不勝天」之下，

我為自己找到的小小幸福。

002 驕陽
2011.11.14毛筆

監獄裡有風、有雨、有陰霾，
而我心中依然有驕陽！

003　裡面，外面

2011.07.06鋼筆

身為苦力關裡面，

頭戴帽子坐外面，

自不自由一門隔。

Ewam. July. 6. 2011

看守

2012.07.10鋼筆

人犯我來管，

一步一步走，

日夜皆巡邏，

舊時稱看守。

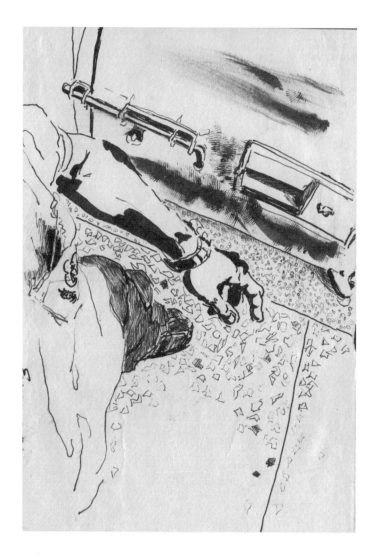

005　上班去

2011.03.26鋼筆

　　替代役三三兩兩從部隊出發前進

戒護區上班，這一進去又是二十

四小時後才能下班。

上班點名

2011.05.07鋼筆

上班時百來位戒護科同仁排排站，這是監獄裡人數最多、工作最為辛勞的科室，卻也是最不受重視的一群……

007 **隊伍**
2010.09.29鋼筆

　　白天監獄有許多活動，例如接
見、教誨、訊問等等，所以提帶
人犯幾乎是備勤人員的主要勤
務。

　　而這個長廊，我一天就不知要
走多少回⋯⋯

擴大安檢

2010.12.21鋼筆

　年關將屆，監所都在這段期間來上好幾次大規模的安全檢查，為的就是要查緝和杜絕違禁品，所以當管犯人的獄卒也得要學會翻箱倒櫃的本領。只見檢查後的現場一片狼藉，搜出來的違禁品少，垃圾倒是一大堆……

　在上完令人疲憊的二十四小時班之後，還得再加班一個上午，搞得一身髒，吸進不少棉絮及灰塵，冒著手指被刺傷的危險，想想這工作還真不是人幹的！

Evans
Dec.21.2015

洗地板
2011.02.28鋼筆

　　中央台值班的阿魁主任無奈地看著一群雜役刷洗長長的中央走道。因為多年前某長官的決策，因而將走道換成了易髒、易卡垢的淡橘色地磚，更換的原因竟只是法務部某長官視察時滑了一下……

　　從此每逢假日戒護人力單薄時，還要開一群受刑人出來，看這些年耗費大量的人力、水、時間在清洗地板上，當真是錯誤的政策，比貪污更嚴重……

交接班時刻

2011.09.02鋼筆

同仁一個個來到勤務中心閒聊，

準備交接班……

備勤休息室
2010.09.19鋼筆

　　監獄對基層同仁的照顧由這裡可以一覽無遺⋯⋯

　　狹窄的空間裡擠了超過二十個床位，一台噸位不夠的冷氣，以致夏天很難入睡，通風不佳，到處是灰塵，休息時間因為各自不同，為了擋光線，以免影響睡眠品質，只好各自使出渾身解數，有貼黑色垃圾袋的，也有貼紙箱厚紙板的，要不就是掛滿一排衣服⋯⋯味道⋯⋯當然就不用講了⋯⋯

012　用餐

2012.05.31鋼筆

　　經常有朋友驚訝地問：「你們上班吃飯不是不用錢嗎？」

　　嘿！不用錢的牢飯是收容人專用的，我們監所管理員吃的職餐是要自己花錢買的。唯一相同的是：都是收容人煮的！

013　辛勞

2010.09.20粉彩筆+蠟筆+粉蠟筆+軟式粉蠟筆

　　每個上班的夜晚，我和同事們每三小時起床一次，拖著疲憊的腳步，瞇著怎麼也張不開的眼睛，通過燈火昏暗的長廊，到勤務中心集合點名，然後進勤區接班，換另一組同事下來休息。

　　監所管理員是個極為辛苦的工作，上自只會出一張嘴的長官，無論多不可行、多不合理的命令，也要想辦法使命必達；下到收容人犯的反彈、考驗、算計，也要想辦法與之周旋、化解，還要隨時準備危機處理，諸如打架、自殘、自殺、暴動、脫逃等等，任何可能發生的狀況。但，我們在勤區經常是單獨一人面對一百多位收容人，而身上的裝備也僅有一個哨子和一根甩棍而已，能依靠的只有牆上的警鈴和一支打出去可能占線不通的電話，以及咱自家祖上積的德……

　　夜勤管理員尤其還得忙完一個白天後，在其他人下班

回家抱著老婆、小孩睡覺時，得值三休三。不管你再怎麼累、怎麼無聊，就是不能打瞌睡，也不能看書報；要是被督勤長官看見了，不是寫報告、列入年終考績，就是懲處。夜勤管理員唯一能做的，就是看監視器螢幕看得兩眼發紅、發直，每十五分鐘走過舍房長廊巡邏、簽名，然後心裡自求多福，房內的收容人可不要做了什麼違規、違法，而你又沒看到的事，要不⋯⋯可不一定只是寫報告或懲處這麼簡單，倒楣的話，還可能因此吃官司或者法辦。

　　這也是為什麼只要有朋友想來考這行，我都會請他們好好三思⋯⋯

Ewam
Jan. 15, 20?

014　**病容**
2011.01.15鋼筆

治安為任盡綿力，
病體未癒猶值勤，
寒夜蕭瑟衣難暖，
獄吏之苦誰與聽？

遊魂

2011.09.08鋼筆

　　一九九九年進泰源技訓所上班時，當時驚訝於監獄獨特的上班方式：二十四小時內兩人輪班、十分鐘巡邏一趟、沒有椅子坐，連吃飯都得捧著便當站著或蹲在地上吃。記得那時我有整整一個月的晚上沒被子可以蓋，因為被子得捲起來墊腳，下班後必須睡到中午才有體力起床。

　　去矯正人員訓練所受訓時，那裡的副所長問我們有什麼問題，同單位的同仁跟他反映這事，他冷冷的說：「我們怕你們有椅子坐會打瞌睡，做這行就是這樣，你不愛就換工作，外面多的是有人想進來幹。」

　　陳定南擔任法務部長後，我們有椅子坐了，但被前來巡視的長官看到，一樣會被打槍。勤區的燈光通常是昏暗的，原來是為了怕我們看書報，我們寫簿冊時採光不足，也只得瞇著眼。即使有監視器螢幕，我們還是得每

Evans. Sep. 8. 2011

十五分鐘去「逐房停留一兩秒查看」。

宜蘭監獄收的犯人從一千多人暴增至三千人的現在，我們的工作量是以前的三倍，白天忙得像陀螺，晚上體力也沒機會恢復；監視器反倒不是為了監視犯人，而成了長官監視我們這些獄卒的工具，長官密集且不定時調閱監視畫面，然後挑出我們值勤上的小缺失。光是一年內被長官簽處的同仁數量，比宜蘭監獄有史以來加總的還要多，搞得大家緊張兮兮，無比疲憊。大部分的精力都用在應付長官，而不是對待犯人，現在我下班後，又恢復成睡到中午的習慣，為的是怕第二天上班出狀況。

在「飽漢不知餓漢飢」的長官領導下，我們這些馬兒不僅要會跑，還要不吃草，更別想喝水了。所以，就算大家都怕公車司機過勞死、怕保全員過勞死、怕新科工程師過勞死……可我們法務部矯正司不怕！因為我們的管理員訓練有素，入夜前，他們的體力就會先被榨乾，然後成為飄蕩在黑暗舍房中的蒼白遊魂……

016

傷膝十二年
2012.03.16繪毛筆

二○○○年八月二十二日，泰源技訓所四名重刑犯趁碧利斯颱風來襲當晚脫逃，在監休假的我加入了追捕人犯的行列，才走進辦公室，只見我們戒護科長整個人陷在座位裡，他一言不發、兩眼發直地瞪著天花板。因資料櫃鑰匙沒交接到，以致沒人拿得到口卡，而讓法務部在線上等了半小時到一小時才取得脫逃人犯的資料。

科員指揮著我們搜索監內外，風雨黑夜，能見度不佳又四處積水，一個不注意，我就這樣整個人摔進排水溝裡，雙膝因此受到強烈撞擊。

幾小時後呆望中的科長終於醒來，召集所有人回辦公室後，問了一句：「你們誰有機車？」不知科長用意的我和三個同事傻傻的舉手，他指著另四名同事說：「你你你你和他他他他一組，去哪裡哪裡哪裡哪裡埋伏，沒有命令不要回來……」

於是我們八人扛著機車越過倒下的樹木，閃過落石，在泥濘路上摔車來到埋伏點，我和光朗兩人身上的便利雨衣，哪擋得了傾盆而下的風雨？寒冷得只能背靠背躲在大石頭後面。我可以清楚感覺到彼此身體的顫抖，呼嘯的風聲樹影讓我們幾度以為有人跑過，我們立刻大喊：「誰在那裡？站住！」並起身追趕，這時我又再次摔進看不見的排水溝裡……

　　天亮了，雨停了，路也斷了，淋了一夜的雨，身體不單失溫而且還又餓又渴，一位同事從監裡騎車過來巡視埋伏點，我連忙問：「可否請科長派人來換個班，讓我們暫時回去吃個東西、洗個熱水澡？」他冷冷地回答：「科長不是都說了嗎？沒有命令不要回來了……」

　　中午路通了，中天新聞記者搶在交通車抵達前來拍我們。後來，好不容易等到同事來接班的時間，心想終於可以回去吃飯了，卻看到備勤室裡不少人睡得東倒西歪，而我們這幾個埋伏的卻被科員叫了過去：「趕快吃一吃，洗澡、換衣完回來集合值班。」我問：「我們不是跟他們一樣一夜沒睡，為什麼他們可以休息，而我們不能？」科員死命瞪了我一眼：「他們是甲股，你們是

乙股，他們是昨天上班，你們是今天的班！」

　　監獄每年都花大把時間和人力演習，這些按劇本走的戲碼在真實事件發生時卻一點鳥用也沒有，好個「沒有命令不要回來……」

　　我膝蓋的傷經過一夜風雨又未能在第一時間醫治，這十年來每下愈況，尤其天氣變化較大時，更是又僵直又痛苦。後來為了值班能好走路，索性換個布鞋穿，卻因此經常被長官找碴。可知這是因公受傷的烙印？而你們竟還在傷口上撒鹽……

017

長官的火，獄卒的燈

2011.10.22鋼筆

　　回顧二〇一一年，宜蘭監獄的士氣大傷，只因長官不在乎我們獄卒管理收容人的秩序是否上軌道，卻盡在監視器錄影畫面裡挑我們值勤上的小毛病，而且全憑長官主觀認定，這兩年我可也因此領到不少支申誡。

　　我請同事坐定，然後把畫面畫了下來，因為長官就依這相同的畫面一口咬定我在打瞌睡，我拿這畫跟長官理論：「又看不到眼睛是閉著，也沒趴在桌上，這樣你看得出來是在做什麼？你看這是在打瞌睡，我還覺得是在打手槍！」想當然耳，最後當然是不歡而散。

　　考績會上，換長官義正辭嚴地說：「看守所這麼重要的地方交給你，你怎麼可以打瞌睡呢？」幾天後這位長官輪值，卻可以因為下大雨而窩在宿舍，連進來戒護區督勤都沒有，還大大方方地打電話進來要求記錄督勤時間。我實在很想問他：兩千八百多個犯人的監獄交給

你，你怎麼可以都不進來看？還要下屬幫忙偽造督勤時間？而且督勤費照領？

不從尊重體恤第一線基層改起，不從官僚心態革起，別說成立矯正署了，就算是成立矯正部，台灣獄政一樣沒救！

018

宜監第一關

2012.03.02鋼筆

在台中看守所發生了徐長慶事件後，各監所就在進入
戒護區的要衝處設置了由專人控制、只能依序開啟的三
道鐵門，這個小小的中控室通風不佳又西曬，所以終日
悶熱無比，夏天在這裡值班就像烤爐一樣，上班上到中
暑是經常的事。但我們長官可不管這些，一聲令下！冷
氣就這麼拆走了！

界限
2012.08.05鋼筆+繪毛筆

　　這張圖正可說明獄吏和人犯之間的關係：

　　紅線代表著底線。彼此互有進退消長，日子一久，這底線就會愈來愈模糊，因此不時要重新畫過，重新確認。

　　人犯腳底下的裂痕代表著犯罪人的影響力及價值觀，它正漸漸滲入獄吏的足下。

　　影子代表彼此內在的陰影。人犯的陰影不時滲透著，即使獄吏有意識地踩著它，自己的陰影卻也跟著消長。

　　格線代表著法律。不僅人犯在法律邊緣遊走，就連獄吏值勤也常有適法性的問題。

　　磨石子地板的小石子，則是監所多如牛毛又沒什鳥用的行政命令。這說的正是監所人治重於法治的現況。

　　小強？喔！那隻死蟑螂啊！就是有人要是幹了齷齪勾當，就會死得很難看！

020

吸菸令牌
2012.03.15繪毛筆

　　當初監獄為了拚戒菸績效時，除了收容人被迫戒菸，連帶的同仁也遭殃，菸癮大的同仁被派到戒菸工場值勤。一整天下來是多麼難受的事！但我們長官可不管這事，於是就有收容人半諷刺地做了這個「吸菸令牌」給同事留用……

　　不久前，隨朋友到某一級中央機關拜訪一位官居簡任十三職等的長輩。才走到辦公室外，我就驚呆了——鐵皮辦公桌和椅子、兩個大鐵櫃、一個矮櫃、一台影印機，除此之外的其他空間都被公文占滿了。更令人意外的是，他的領帶沒地方擺放，只能突兀地掛在電扇上。

　　看到我們前去洽公，長輩站起身，親自到辦公室外笑臉相迎，而且還跟我們連聲說抱歉，他笑著叫我們三人搬椅子進去坐，側身讓我們通過，才能勉強擠進辦公室內。

我們監獄裡十一職等的官可就不一樣了，單單辦公室就比這位長輩的大上好幾倍，擺上大大的原木辦公桌椅和沙發之後，空間都還空蕩蕩的，裡頭還有專屬的休息室！而且走在監獄裡可威風了，這邊大家起立敬禮，那邊一群人喊長官好，別說要他笑臉迎人了，不拿官威出來讓你吃排頭，你就該謝天謝地了！何不食肉糜的官已經不知凡幾，而在監獄高牆之內當起土皇帝的人，還真是不少。希望這回新官上任來的，會是尊重我們的父母官！

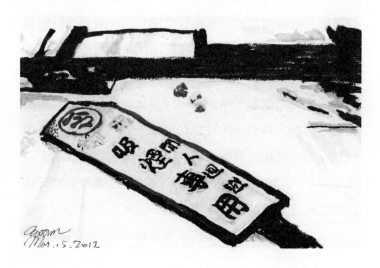

021

推手
2012.07.06鋼筆

　　大家若是到羅東聖母醫院，經常會看到監獄的同事推著坐輪椅的收容人看診的光景。做這行不是只有戒護收容人，他們進了醫院，我們就得連醫療上的照顧也要一手包辦。與其說是在病房戒護，還不如說是在當看護，護士打針、抽痰、翻身換床單時，要我們幫忙，我們借個被單、枕頭用，卻又常給我們臉色看。我們有時還要為無法自理生活的收容人把屎把尿，更要餵飯洗澡。

　　多年前我回法務部開會，一位同仁哽咽地說，他上班得要在病房幫收容人換尿布，卻沒法調回家去照顧臥病在床的母親，甚至未能見到她最後一面，台上的長官卻只是一臉木然地看著他。而前兩年更有位同仁在護士為感染HIV（人類免疫缺陷病毒）的收容人進行抽痰時過去幫忙，卻意外地被痰噴到眼睛……

　　在這個經濟不景氣的年代，不少國考補習班推波助瀾

Evonu   July. 6. 2012

地說監所管理員最好考，於是想進來吃這行飯的人愈來愈多。但這個鐵飯碗真的那麼好捧嗎？說「公務員是必要之惡」時，民眾頻點頭，但大家安居樂業時，又有誰會想到我們？

022

下班點名
2011.07.17鋼筆

經過了一天一夜辛勞，夜勤同仁好不容易可以拖著疲憊的身體下班回家，卻在管制口被攔了下來：

「不能走！典獄長今天退休要跟大家握手道別，現在集合點名！」

「跟他握手？我辦不到！」有些同仁想到這兩年不被尊重，心裡就有氣，於是先走了。

隔天，新的規定下來了：「以後下班要集合點名，全員到齊了才能走。」

為了一兩個人不配合，就修理全部的人。都退休走人了，還要幫他出氣？這讓我想起以前在泰源技訓所時，一個門衛同仁離座忘了關電扇被所長看到，第二天除了他被記過之外，所有門衛的椅子都被收走。唉，監所這種惡劣的連坐處罰文化，要到何時才能停呢？

夜間勤務

Ewan L
July. 1"
2012

Chapter2

鐵腕之下的無奈

Ewan

手桔（俗稱手銬）：象徵法律及執法單位其強大、冰冷、管束的本質。

執手桔的手：象徵監所人治重於法治現況，亦象徵執法者權力地位居於監所收容人之上。

被禁錮的人：代表監所被囚禁的收容人，但其人像實以繪者自己為藍本，呼應監所中「管束與被管束，其實是同時發生在管理者與被管理者身上」之概念。

024 　上銬的手

2011.04.19鋼筆

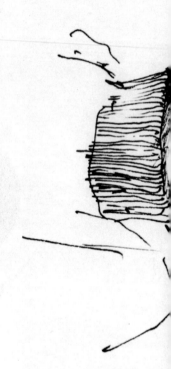

這名收容人很年輕，

手上刺了漂亮的圖騰，

但這美好的青春歲月，

卻因他的所作所為而付之一炬……

Evam
Apr. 19. 2011

025   **打包**
2010.12.06鋼筆

　　凡遇移監、借提，收容人就得要把所有家當裝在名為「執行袋」的綠白條紋帆布袋中，然後打包帶走，出發前翻出來檢查一遍，到達目的地再倒出來檢查，以防攜帶違禁品。

　　圖中為移監收容人半夜被叫起床時，在昏暗狹窄的房內，由同房的人合力幫忙打包的情景。

026

亂如麻
2011.06.30鋼筆

　　收容人的個人家當大概就是枕頭、棉被、墊被、涼被、藤蓆各一，外加衣物、電器、家書、文具、書籍、訟卷、盥洗用具等等，全都打包進執行袋。主人跑到哪，這些東西就跟到哪，移監時、出發前先倒出來檢查一遍，到目的地再倒出來檢查一遍。由於每個監所規定不同，所以每次檢查就會破壞或沒收一些東西。到新環境又受到這樣的對待，可以想見他們的心情會有多複雜。

當我們鎖在一起
2010. 11. 10鋼筆

　　移監出發前，收容人四人一組去上廁所，連最私密的
事都得要團體行動。

新收調查
2010.11.30鋼筆

　　新入監的收容人都要先經過簡單的體檢、填資料、照相，以便製作口卡（資料卡）並進行分類處遇。

　　今天我帶的這名收容人是因酒駕入監的，看他反應呆滯、答非所問，我很好奇，他知不知道自己進來關啦！

這是誰？

夜裡十一點多，我被叫到管制口幫阿志辦新收。

今晚的管制口熱鬧不已，六、七個下了勤務的替代役男一邊經過這裡一邊聊天打鬧，和一旁忙翻的阿志頗不協調。

「阿蔚！快來幫我，忙死人了！」

「也不過才收三個，以你志哥的功力應該遊刃有餘。」

「少說風涼話了！剛剛法警打來，說還有一個被告，像是戒斷又像瘋了，鬧到四個法警還押他不住，現在正在路上。」

「我去請休息室的役男們下來擺陣！」

話才剛說完，監視器的畫面就出現一輛地院警備車。

「學長！黑白郎君的幽靈馬車又來了。」

未幾，鐵鍊聲伴著喧譁聲由遠而近。

原本神志不清、語無倫次的被告，看到我們八、九個人的陣仗，突然傻眼。

未等他反應過來，我半帶半拖的把腿軟的他帶到檢身室。

「來！檢查身體、物品！衣服給我全脫了！」

「主管！我好冷！不要脫啦！」

「你給我配合一點！不要在那邊給我吵！」

見他遲遲不脫，我只好自己動手，以他的情形看來，我決定速戰速決。

沒了衣服的他顫抖不已，整個人蜷縮了起來。

「我好冷！」

「冷？制服還不快穿上！」

然後待他灌完腸、排完便，回到台前。

「沒外傷、沒東西，可以收。」

「奇怪耶！學長，我們剛剛四個都押他不住，怎麼來這裡就這麼配合？」

「呵呵！因為我們家的蔚哥很凶啊！」

將他上手梏後，我開始做起書面資料。

看著桌上的身分證，對照著新收的四個人，我竟一時

找不到其中一張身分證的主人。

　　「欸！阿志，這是誰的身分證？」

　　「就你剛剛檢身、現在還在那邊鬼叫的那個。」

　　役男們聽到後，都好奇地圍了過來⋯⋯

　　「靠！差這麼多！」

　　「對耶！照片上是好好的一個人，但他現在的樣子根本不像人。」

　　「我的媽呀！吸毒真是可怕呀！」

檢身
2012.06.30鋼筆

腳張開，手抱頭，
違禁品，交出來，
要通過，先檢身！

031　檢身之後

2012.01.12鋼筆

　　地院、地檢的警備車常在半夜送來收容人，在新收資料做完之後就是檢身了，為了避免違禁物品流入監所，即便是這樣寒冷的日子，一樣要脫光檢查，完成後再發一套公家的外套和褲子。

　　若遇上衣服太大，收容人得將袖管、褲管全捲上，然後赤著腳踩在冰冷的地上，慢慢走進舍房。幸運一點的，或許剛好有公家的藍白拖可以穿。「公家」的意思，就是不知有幾個人穿過、髒到不行的舊貨。

　　收容人進房後，我們就給他們一條毛毯和被子，但卻沒有枕頭。房裡其他人一陣騷動是常有的事，因為衣褲毯被又霉又臭！

Evan
Jan. 12 2011

九個囚犯睡地板

2012.10.27鋼筆

九個囚犯睡地板，九個囚犯睡地板，

說躺就躺，心裡很幹；

老鳥才能睡床板，菜鳥只能睡地板。

一二三四，現況只能屈從，不然還能怎樣，

超收是監獄的傳統，擁擠是家常便飯。

九個囚犯睡地板，九個囚犯睡地板。

（重唱一遍）

「勤務中心呼叫巡邏！」

「收到，請講！」

「文蔚！回來送鑰匙！」

我快跑回中央台，還來不及開口問，彭哥就遠遠地往我的方向丟鑰匙：「隔離舍！」

空中接殺不做停留，連開數道鐵門，火速跑向義一舍。

國城站在挑高的中央走道上，盯著其中一房看，我將鑰匙遞了過去。

他沒理我，只用下巴指了指牢房，要我一起看……

不到兩坪的牢房裡，牆壁、地板、被子、洗手台、馬桶，放眼望去，只要是及腰的高度，幾乎全都是血……

「來，科員在等了。」

我跟著他走，科員見我拿著鑰匙，連忙從門口退開兩

步：「開門。」

「怎麼回事？自裁喔？」還搞不清楚狀況的我，邊問邊把鑰匙插進鎖孔。

國城開著門悶說：「管制藥沒來，大個兒發神經，拿同房當沙包。」

誰不知道隔離舍這大個兒身高一米九，罹患精神分裂，發病時有暴力傾向。正在轉動鑰匙的我，頓時頭皮發麻，腦袋狂轉⋯⋯

⋯⋯幹⋯⋯難怪科員要躲開⋯⋯要不要抽警棍自保？⋯⋯會不會反而刺激他？⋯⋯他那麼壯⋯⋯被搶去的話⋯⋯

心中還沒有個答案，門就開了，他一臉呆滯的眼神和搖晃的站姿，讓我忍不住慶幸壯到不行的他已然用盡力氣。

科員一聲令下：「出來！上手梏！」

他得低頭加彎腰微蹲，才能夠穿過低矮的房門，跟他同房的倒楣鬼，則是費盡氣力才勉強從血泊中站起來，雙手摀著的鼻子還不斷流血⋯⋯

「幹！五告雖！」他帶著濃重鼻音的咒罵著。

「怎麼發生的？」

「洗手時我問他有沒有用肥皂，他說有，哪知接下來就抓著我一直搥過來……」

「傷得不輕，鼻骨應該斷了，先送你去醫院，回來再做筆錄，你要不要告他？」

「煞煞去！伊肖誃，剩哇雖……」

這是我在泰源遇到的「香皂事件」。

監獄裡打架的原因形形色色，有些簡直令人啼笑皆非！

034　夏日炎炎打架天

2012.05.25鋼筆

夏天熱熱熱，
監獄擠擠擠，
天天打打打，
值班煩煩煩。

打！

打完飯菜，餐桶裡多了一隻雞翅，兩個人都想吃，打！

這是「雞翅事件」。

某甲問某乙：「泰國有沒有和中國大陸連在一起？」

某甲還沒開口，某丙搶著答：「你沒讀過書嗎？想也知道沒有！」

某乙一拳揮了過去。

這叫「地理事件」。

某甲偷吃某乙的會客菜，卻出手揍某乙，問他為什麼？

他說：「難吃死了！」

這是「菜色不好事件」。

上鋪下床踩到棉被，打！

占用廁所太久，打！

被洗澡水濺到，打！

洗完澡沾到別人的汗水，打！

拖鞋穿錯，打！

菸不夠分，打！

……打！

若是為了舊仇宿怨打架的，怎麼想都算合理。擁擠的環境、悶熱的牢房、心浮氣躁的人犯，要大家每天和平相處，無疑是天方夜譚。超收嚴重的監所三天兩頭在打架，也就不稀罕了。

許多人都不知道的是，沒被褫奪公權的收容人是有投票權的，但政黨對立如此明顯的台灣，要是在監所辦投開票的話，恐怕是要血流成河了！

在監所上班會有許多不確定因素，你永遠不會知道今天又要發生什麼事，唯一可以確定的是，一定有處理不完的打架事件，尤其在夏季幾乎是每天都有。想幹這行的話，一定要有心理準備。

不過沒準備也沒關係……

你遲早會習慣的。

像我一樣。

036　**上腳鐐**
　　2012.05.31鋼筆

同仁正為外醫收容人上腳鐐。

037

出發，且慢！

2011.01.06鋼筆

　　上腳鐐後，行走的步伐只能用「寸步難行」來形容，而且每一步都會因鎖鍊拖地而引起令人側目的聲響；因此，大都會在鍊上綁一條繩子，讓收容人自己拉著走。

　　今天看到同事戒送一名老病號去醫院，不知怎的還沒走到外面又折了回來，一問之下，才知是派車時間有誤，簡直是作弄人嘛！

Evam
Jan. 5. 2011

違規待辦
2012.07.28鋼筆

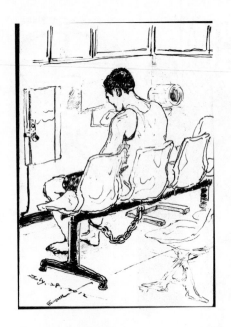

年輕不嫌刑期長，

踹門違規當平常，

腳鐐鎖身沒在怕，

可知老母暗心傷？

外醫戴口罩
2012.07.18鋼筆

外醫戴口罩，
衛生要顧好，
還有一件事，
遮臉很重要！

Evan. July. 18. 2012

收封檢身
2011.05.19鋼筆

　　一天的工作結束後，收容人從工場返回舍房之前，都
必須先檢身。為了防堵違禁品流入舍房，作法會依環境
而改變，有些監獄檢查得很徹底，有些則徒具形式。

041 配業
2011.07.20鋼筆

Evan . July. 20, 2011

　　考核期滿的新收受刑人終於要配業了，大夥把所有家
當都帶齊，準備下到各工場去。

坐監好過年

2012. 01. 14鋼筆

　　為了應景，監獄過年的布置本意來說是沒錯，可也有
不少人不在外面過年，偏挑這時候進來吃牢飯。

　　唉！就算有加菜，也並不好吃哩！

043 **心牢**
2012.10.21鋼筆

「查第N工場收容人0000號×××，今日接見時家
人告知母親過世，情緒明顯低落，經教誨師、教區科
員、工場主管輔導，請夜勤同仁注意其行狀，並加強戒
護。」

無權哭喊，
不能哀號，
只因在監牢。

失親的痛，
你們知曉，
卻要層層關卡，
阻止我哀悼。

只能在暗夜啜泣，
回憶母親的好，
還要時時提防，
獄吏來打擾。

天吶！
人在監牢！
心在心牢！

蹲

2012.09.02鋼筆

　　每月第一個星期天的假日接見日，總是令值班的我們
特別忙碌。提單來了，我依著房號名牌核對身分開收容
人出來，他們來到舍房頭，很「自然」地就會靠牆蹲
下來，這蹲低可不是為了跳得更高，而是監所的文化之
一。即使我好意請他們坐一旁的長板凳，他們也寧可就
這麼蹲著等。

　　不久前的獄政總檢討，我們署長為了收容人沒椅子坐
被立委諸公K得滿頭包，為此還發文給各單位，特別宣
達要配給足夠的座椅讓收容人坐。這在同事心中不免有
著兩極的想法：認同宣達內容的是一種，而另一種則是
「現在犯人也太好命了吧！」

　　曾有一回到少輔院當志工，看到少年跟輔導員說話時
自動蹲了下來，這一幕讓我的心揪在一起。回想起將入
行受訓時，曾有位長官得意的跟我們說：「犯人就是犯

賤！某監獄被鎮壓後，以前站著說話的都會自動蹲下來……這不是賤是什麼？」老天，如果為了容易管理，就必須折損人的尊嚴，那麼加諸在人格發展關鍵的十來歲孩子身上，又會形成多大的影響？有一天回歸社會的他們，又要如何討回在監獄裡失去的尊嚴呢？是就此沉默退縮？還是犯下更大的案子來發洩他們所承受的，好報復加諸在他們身上的不義呢？

長官經常告訴我們，監所管理員是「人性的工程師」，做的是「良心的事業」，但如果這樣的「工程內容」是給別人屈辱，那還算不算呢？

045　**驗尿**
2011.07.18鋼筆

　　只要是出過監獄大門的收容人，第二天都得要驗尿。

當然，一定要在監視下進行，進來關是沒有隱私的。

互道珍重

　　黑暗幾乎要吞噬掉他瘦弱的身影，在我輕聲催促中，細碎的腳步更顯焦躁，待室內燈光亮起，他拉了長板凳，茫然地坐了下來。我來到他身旁說：「要保重。」

　　他空洞的眼睛頓時閃出一點點微光，同時難掩訝異地說：「主管，你……怎麼這麼關心我？」

　　我說：「新收是我辦的啊！你不記得啦？」

　　他嘴張得老大，吞吞吐吐地說：「我、我……新收進來是、是你辦的，你……你都還記得？難怪……」

　　我拍拍他的肩：「離開宜蘭要多保重！冬天要注意保暖，年紀有了身體要照顧好。」他眼眶泛紅說：「我知道！謝謝！都關這麼久了，只要再熬兩年就好。主管！我住桃園！在××路××巷×號×樓，到了台東我會寫信給你，兩年後我回家，你一定要來找我哦！」

　　我看著他流淚的雙眼，堅定地對他點點頭：「保重！」

　　「主管！你也是！保重！記得一定要來找我！」

追

才剛坐下，手機就響了，電話裡的聲音既熟悉又陌生：

「啊阿蔚呀！臉書梭你在高雄打卡素什麼意酥啊？」

「我單車環島來到高雄啦！」

「瞎咪？郎滴高雄？耐抹共？挖來載力！」

半小時後，一輛休旅車停在我面前，車窗裡他黝黑的皮膚和南台灣的豔陽很相配，他笑起來很靦腆，身上有著汗水和檳榔的味道。

「來去我工廠坐坐！」

十年沒機會說的話怎麼講也講不完，我們笑談當年隔著鐵窗聊天的情景，他說出獄後遇到好老闆，加上這些年努力，被提拔為廠長，再加上前幾年公司擴大經營，如今他擁有了一家以他為名的公司了。

參觀完工廠，我們順道巡工地，聽他說著這幾年包工程的情形，「跟你梭，我去年終於賺了錢，買了自己的

房子。」

　　車停在老社區的一棟舊屋前，樸素的外表、簡單的陳設，和我的想像有著很大的落差，以他的收入我原以為會看到豪宅。

　　「法拍屋，很便宜，而且隔壁巷子就是爸媽家，就近照顧很方便。」他開心的笑。

　　一輛小貨車在門外停了下來，他太太剛從市場下班，丈夫涉訟入獄的當年，她一肩扛起了整個家，每天清晨天還沒亮，就得起床到批發市場採買，理好貨再載到小市場販賣，除了要撫育兒女，還得照顧公婆。她開口向我打招呼，即使過了這麼多年，她的聲音我還依稀記得……

　　他猶豫了許久，終於吞吞吐吐地把話說了。

　　「老婆……我沒錢了……這個月方不方便……可不可以寄兩三千給我？……」

　　電話彼端的濃情密意瞬間成了暴怒。

　　「你知道我每天要幾點起床、幾點才能回家嗎？你以為老娘我錢好賺嗎？你坐牢是要花什麼錢，你給我說清

楚？⋯⋯」

　他脹紅著臉聽著每字每句，哽咽的罵聲如連珠炮般持續著，通話時間結束，電話即自動斷線，接下來的靜默反而比任何言語更令他沉重⋯⋯

　我拿下耳機，帶隊離開電話接見室，我示意他走在最後面。

　「她很愛你。」我說。

　「我知道。」他的眼眶泛紅，「可是我讓她失望了⋯⋯」

　「女兒要放學了，老婆，我去載她！」

　車停在學校不遠處，「厚！耐A架慢！妳很故意耶！看到偶的車還走那麼慢！」

　「哪有啊！你們要去哪裡？我也要跟！」

　「妳回家寫功課啦！我跟阿蔚叔叔要Man's Talk啦！Man's Talk瞭不瞭改？下車了啦！」

　「你們感情真好！」

　「厚！脾氣不去像她媽媽，竟然像我，真是難搞！」

　「你有沒有想過自己為什麼這麼成功？」

「成功？我並不覺得我成功啊！」

「怎麼沒咧？你事業有成，也有了房子，重點是你和太太、女兒的感情這麼好，這不是成功是什麼？」

「文蔚，我的案子你是知道的，被合夥人拖累、經營多年的工廠付諸流水、打莫名的官司、坐六年的牢，這些事我都能吞下來，畢竟遇到了。但我最不捨的是讓我最愛的女人失望，還錯過了孩子的成長，也讓父母擔心受苦。六年的時間我錯過了太多事，我只能用力追，人家三步併兩步，我得要十步併兩步才行！今天有的這些並不是成功，只是做了我身為人子、人夫、人父該做的。」

「這麼想很不容易耶！很為你高興，你把家人和人生都追了回來！」

「可是你知道嗎？有些事永遠變了，出獄後的這幾年我怎麼都睡不好，就算老婆睡在我身邊，我都沒法抱著她入睡，只能縮著身子，想像著還躺在當年新收房那張又小又窄的床才睡得著，我很愛我老婆，但我就是沒法再像以前那樣……」

048 　**望君早歸**
　　2011.09.29鋼筆

鐵窗分隔似千里，

言語難盡相思意，

夏日已去秋意濃，

還望夫君多添衣。

049

冬夜裡的腳丫

2013.01.15鋼筆

　　監獄裡窄小的床讓收容人不得不微曲著身子入眠。在這樣寒冷的夜裡，常看到晾在床架外的腳丫突然縮進被窩裡，身材高大的人當然就更不用說了……

　　曾有位黑道大哥提到，十來年的監獄生涯讓他在出獄後即使想睡到自然醒，也總在七點左右就醒來；想要睡個回籠覺，再怎麼輾轉也是枉然。一位朋友聽了後感慨地告訴我，雖然他已出獄近十年，但六年的牢籠歲月，讓他即便現在與妻同床共枕，也只能蜷曲著身子、想像自己仍睡在當年牢裡的小床，然後才能安然睡去。擁妻入眠的美好日子，早已成了遙遠的記憶……

　　「犯罪矯正」當初的設計就是要促成人的改變，但對人真正的影響到底是什麼？相信誰也沒把握。罪與罰均等嗎？正義的底限在哪裡？矯正刑是否真能矯正？懲罰刑會不會過當？隔離刑是否真能讓社會更安全？相信大

家都有自己的見解，但真正的答案或許只有天知道……

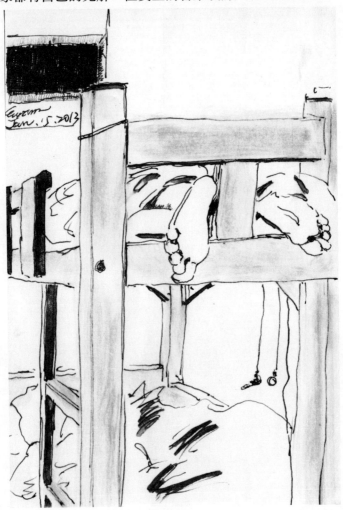

Chapter3

含淚的等待

Evan

接見室
2010.09.27鋼筆

　隔著鐵窗和壓克力玻璃，透過話筒和外面的親人見
面，此時此刻，親情的溫暖使收容人暫時忘卻冰冷的監
獄生活，也讓他們有了繼續走下去的力量……

把拔回家啦！

2012.06.06鋼筆

娃娃天天問馬麻，

把拔為何不回家？

娃娃有乖有聽話，

把拔一起回家啦！

我愛妳

2012.06.12鋼筆

我愛妳呀我愛妳，

高牆難隔我愛妳，

時時刻刻都想念，

我的女郎我愛妳！

053 **沒錢幹嘛來看我！**

2012.03.14鋼筆

　　聽到有人大聲咆哮，我連忙伸長脖子看去，只見他氣憤地對接見窗口前面的一對老夫婦大吼：「沒錢？沒錢幹嘛來看我！買這什麼會客菜！都沒我愛吃的！」他用力掛上電話，悻悻然地坐到後方的等待區，低頭翻著袋裡的會客菜頻頻碎念著：「都不會買……買這什麼東西……」接著不時回頭，恨恨地瞪著窗外傷心無奈的兩位老人家。

　　唉！別人是珍惜家人還願意來看顧，或是盼家人來相會望穿了眼；要不就是為了家人失聯而傷心不已，而他卻是這般不知足……

我要我的孩子

「文蔚！把新收開出來。」

房門一開，他一臉驚慌地看著我，布滿血絲的雙眼，看得出來前一晚不曾好睡。

「出來！做資料。」

「哦！」

「犯什麼案？」

「竊盜。」

「你偷了什麼？」

「電線。」

「動機？」

「工作不穩定沒錢。」

「結婚了嗎？」

「結婚了，不過太太跑了。」

「有孩子嗎？幾個？多大？」

「兩個，一個五歲，一個三歲。」

「家裡還有誰同住？」

「就我爸。」

「孩子都誰在照顧？」

「我。」

「那你現在被收押，誰照顧孩子？」

「我不知道。」

「你爸可以照顧他們嗎？」

「他年紀很大身體又不好，平時也是我在照顧。」

「知道怎麼聯絡太太嗎？」

「她已經離家好一陣子了，不知道人在哪裡。」

「還有其他親友可以照顧他們嗎？」

「我不知道。」

「我們等一下會請教誨師和社會局聯絡，請社工他們去你家看看是否需要幫忙。」

「我不要！我要我的孩子。」

串珠般的淚水從他眼裡滑落，周遭的空氣似乎失去了

它的溫度。

「文蔚，先帶他去體檢。」

「嗯！走，這邊請。」

　　一路上，他拖著沉重的腳步，空洞的眼神裡彷彿沒有了靈魂。

　　體檢的過程中他默默配合著，他在和醫生、護士的互動中也漸漸回神。

　　回程的路上，他突然抬起頭看著我。

「我該怎麼辦？」

「你很擔心孩子和爸爸？」

「嗯，我怕要是社會局出面，他們會把孩子帶走。」

「但是你現在什麼也不能做。」

「嗯，這就是我最難過的地方。」

「不過，你知道嗎？社會局出面不是為了要搶你的孩子。」

「……」

「再說，老爸爸和孩子有人幫忙照顧，你才能安心在裡面好好打官司，不是嗎？社會局他們其實是來幫你的。」

「……」

「也許我這麼說很不中聽，我明白你身為父親對孩子的不捨，但或許你可以換個方式想想，若是以孩子的立場來看，到底怎麼做對孩子來說才是最好、而且對你目前的幫助最大呢？」

「……嗯。」

他的步伐緩慢而有力，臉上逐漸浮現出神采，從他眼中，我看到一名父親對孩子的愛，正帶給他無比的力量。

羨慕不已

2012.06.12鋼筆

　　有些收容人家住得遠，親人無法時常來探望，只好委
託朋友就近寄菜。

　　這位收容人看到不是自家人前來難掩失望，只能坐在
座位上，羨慕地望著其他正在接見的收容人……

相思淚

2012.05.25鋼筆

寒冬方盡夏又來，

日日守候似無涯，

送君滴滴相思淚，

一世真情為等待。

057 遠距接見
2012.07.18鋼筆

遠距離接見，

省時又省錢，

想吃會客菜，

不能用宅配！

　　「文蔚，前面有新收，你去幫阿志的忙。」

　　才到管制口，就聞到一股令人作嘔的怪味。法警跟同仁正在交接，只見一旁的客戶上了手梏後呆坐在排椅上。他皮膚黝黑，赤腳著短褲，白色的內衣夾雜著酒漬、嘔吐物、泥巴，還有深紅色的污漬。

　　「他是泰勞，不會說國語。」

　　「那英語呢？」

　　「也不會，你們要找通譯。」

　　阿志和我互看了一眼：監獄哪裡有通譯呀！

　　「什麼案子？」

　　「殺人，要注意，他會一直亂走，還有檢身時小心一點，他身上的血衣我要帶回去。」

　　原來那股怪味是血腥味呀！

　　我戴上手套，小心翼翼地將他脫下的衣服裝袋。他一

臉茫然，不知是酒還沒醒，抑或是知道自己已經鑄成大錯。

問東問西、比手畫腳也沒能問出什麼。因為他沒帶行李，衣服也被法警帶回去當證物了，因此新收的表格很快就填好了。

「喂！是這邊！不要亂走！」

拿著押票帶他到了中央台，葉主任對這位眼神呆滯、一問三不知的新客戶簡直是「頭殼捧著燒」。苦思之下想到另一個對策：

「我記得新收房有一位會講國語的泰國仔，等明天白天再開出來幫忙做資料好了，你領鑰匙帶他去所舍。」

到了所舍，開了門，這時他突然有了反應：

「ㄉㄨㄛ・ㄅㄢ˅！ㄉㄨㄛ・ㄅㄢ˅！」

「什麼意思？」

「ㄉㄨㄛ・ㄅㄢ˅！ㄉㄨㄛ・ㄅㄢ˅！」他指著鑰匙，又指著門再說一次。

「唉！聽不懂啦！進房吧！」

隔天他酒醒後，在房內引起了小騷動，還好同房被告都很友善，再加上同仁趕緊找他同鄉來翻譯，很快地就

被安撫下來了。只是問他犯罪動機，也還是一問三不知，他似乎對自己為什麼進來的記憶一片空白。

幾天後出庭回來，他就一直啜泣著，嘴裡咕噥的還是那句話。同房另一位被告剛好也是同一天出庭，就不停地拍著他的肩膀安慰他。

「今天他出庭才知道發生了什麼事，連他自己都嚇呆了。」

「喔？怎麼樣？」

「他剛來台灣沒幾天，到宜蘭也才第一天上工，工班裡有一個泰國人比他早到，人在異國能遇到同鄉當然很高興，下工後他們就結伴喝酒，喝醉後不知為什麼突然大吵起來，接著他就拿水果刀把對方宰了。」

「天哪！」

「他聽檢察官說要關十年，就一直哭到現在。」

幾天後，帶接見時，遇到新收房的泰國仔，我問：

「ㄉㄨㄛ˙ㄅㄢˇ是什麼意思？」

「回家！」

059 **想家**
2012.05.01鋼筆

六年高牆鐵窗間，
望盡青山與藍天，
時時思妻念幼女，
男兒不堪相思難。

　　另一個阿基師

　　頭一回跟阿基打照面，是我開封開房門那一刻，突然他當著大家的面放聲大哭，嘴裡用濃濃的口音不知嚷些什麼，這可令我傻眼了。同仁阿良看了對我說：「安啦！他常這樣，習慣就好。」

　　七老八十行動不便的他，只能扶著牆慢慢走，身體狀況很差，但也還沒到能長住病舍的程度，他只能跟著大夥開封、上工、收封、進房。其實別說是做工了，他的生活起居都還得派專人照料。

　　他的職業和刑期欄上寫著：「廚師」、「無期徒刑」，不過罪名則寫著：「煙毒」。這令我這個剛入行的菜鳥有些納悶……

　　「到泰國帶東西的廚師，像他這樣的就有好幾個，阿基的運氣算是最背的了。」阿良不無感慨的說。

於是，我開始明白濃濃的鄉音背後的故事⋯⋯

國共戰爭時，阿基出門買東西，卻被抓進了軍隊，連跟家人說再見的機會都沒有，就這麼打了莫名其妙的仗，然後跟著敗北的國民政府來台。

退伍後，他用在軍中伙房學得的功夫當起了廚師，海峽相隔，國共對峙，回到故鄉的希望似乎愈來愈渺茫。

幾年的苦心經營，小本生意總算有了些許成績，漸漸地，開始有人衝著他叫阿基師。雖然人落腳在台灣了，也已經娶妻生女，有了自己的家，但他的心還是繫著對岸的娘親。

日子一天一天過去了，小生意賺的錢雖然不多，但總歸是攢下一筆錢，也存到了一張機票。他坐飛機到了泰國，採買了些香料食材，同時也試著寄信跟親人聯絡。當地的朋友託他帶東西回台灣，並說如果他願意，回台灣的機票可以幫忙補貼。他看東西也沒多大，又盤算想著這趟來回的花費，也就這麼答應了。

沒想到，人才下飛機就被攔了下來，他就像回到當年軍隊抓兵的那天一樣，在驚慌莫名之下被帶走，然後眼

睜睜看著行李裡的東西一件件被翻了出來⋯⋯

「這是什麼？」

「朋友託我帶的東西。」

「胡扯！抓起來！」

「為什麼？」

「你攜帶毒品入關。帶走！」

當年在戰場上沒死，這回在刑罰治罪下也沒能治死罪。但能活下去，對他究竟是幸？還是不幸呢？

以前思鄉思娘親，現在變成思家思妻兒。

他在牢籠中，看著妻子在外獨自含辛茹苦地把女兒帶大，也讀著大陸的娘親輾轉寄來的家書。

後來，兩岸開放了，可他卻再也回不去了⋯⋯

他有的只有無盡的思念和悔恨。

「娘死了⋯⋯」

老家捎來的消息令他首次放聲大哭，幾十年來的思念與悲傷開始決堤。

他的身體愈來愈不好，成了監獄裡知名的老病號，高

血壓、心臟病、糖尿病等等什麼都有。但有許多時候，他說他人不舒服，可是醫生也查不出究竟是什麼原因。

看著鐵窗外的女兒愈來愈大，令他倍感欣慰，可見到妻子日漸老去的樣子，又令他愧疚不已⋯⋯
「我對不住妳⋯⋯」
「別老說這些了⋯⋯」

有一天，窗外只坐著女兒，卻沒有妻子的身影。
女兒紅著眼眶說：
「媽再也來不了了⋯⋯」

此後他天天哭，天天拖著八十多歲的身子來看病。雖說喜怒哀樂是人之常情，但在監所卻是管理重點，凡家屬通知親人過世，總是要列冊交接再交接，再託同房多加看顧，就是深怕當事人尋短，只是相對上來說，也扼殺了宣泄情緒和表達情感的機會。

潸然落淚的都叫作「情緒不穩」了，像阿基這樣一再放聲大哭的，可就更不得了；再加上天天看病卻看不出

個所以然，他自然成了大家眼中難搞的問題人物。

帶他的日子一久，他嘴裡嚷著的那些話我終於聽懂了：

「嗚～我的刑期比命還長啊～娘啊～娘啊～」

聽不懂該有多好！因為連我都不禁為之鼻酸……

「文蔚！到前面辦移監新收！」

這是回宜蘭後第一次接收泰源來的移監。眼前的一切都很熟悉，熟悉的同事、熟悉的司機大哥和警備車，下車的收容人也有幾個是熟面孔，而阿基，也在這裡面……

想當然耳，每個監獄總會盡可能把照顧不來或難搞的收容人移走，而阿基又正好是這兩者的組合。

他變得更老了，走路的步子比起一年前更加不穩，不變的只有天天哭泣、天天看病。

「我的媽呀！又來了！文蔚，快點帶他去看病。」簡主任回過頭來，一臉無奈地對我說。

「小心走。我扶你。要不要輪椅？」我對阿基說。

「嗚～是你呀～我苦啊～我的刑期比命還長啊～娘啊～娘啊～」

不久，宜蘭也辦移監了。

從此，我再也沒見過他了。

061　噩耗
2012.03.08鋼筆

一念歧途來坐監，
八旬娘親淚漣漣，
追悔未及噩耗至，
此生無緣見慈顏。

Chapter4

生老病死縮影

Evan

門戶洞開
2012.06.28鋼筆

　　在監獄看病可不像在醫院裡，基於戒護安全，這裡沒
有隱私，不管你是看什麼病，就算醫生叫你脫衣脫褲
子，診間的門就是不能關……

Evans. June. 28. 2016

063 候診的收容人

2012.04.05鋼筆

　　在醫療中心候診的收容人必須面牆坐著，他們只能看著牆上單調又快要看到爛的文宣。

　　坐輪椅的這兩位不必面牆，但他們也看不到什麼東西，因為一位眼睛幾近全盲，另一位才剛失去一隻眼睛……

149

看護與病患
2011.01.05鋼筆

　　為了X光檢查，病舍看護將雙腿截肢的病患抱上車，只是上車後卻又馬上下來，無奈地說：「病患沒法自行站立，不能照！」那車外的工作人員明知道不能照X光卻又不事先知會，只是若無其事、自顧自的戴他的手套。

Evan Jan. 5. 2011

不懂
2012.01.08鋼筆

　　一位收容人因癱了半邊臉而被帶到勤務中心。可是，假日並無醫療人員輪值，這到底是顏面神經麻痺？還是中風？沒人能夠判斷。就這麼把他晾了一個鐘頭才送到醫院急診。最後的檢查結果出爐，還好只是顏面神經麻痺；若是中風，這一小時可是會出人命的！吃這行飯十來年了，我一直不懂的一件事就是：這是人命耶！你們怎麼能這樣搞呢？

066

代價

2011.10.12鋼筆

　　客戶跟我訴說他的故事：當年被刑事組追捕時，警察在他身旁開槍威嚇，卻因他不意閃躲，反而因此肚子中槍。之後經過了十四次手術，命是救回來了，沒想到數週後卻發現，最後一次手術竟留了一把鑷子在肚子裡！現在不論怎麼求診，得到的答案都是：拿出鑷子的手術成功機率很低，預測最好的情況是用人工肛門過一輩子，要不就是敗血症死亡。而每位醫生都勸他不要開刀，和它共處一生或許是最佳選擇。

　　我不禁想著：這些苦難是犯罪的代價，或是活下來的代價？

痛
2011.08.05鋼筆

送一名血尿的收容人到醫院。

在救護車上，他痛得坐不直身子，卻又止不住好奇，頻頻抬頭看著車窗外變換的風景。後來他跟我說，其實他週日就血尿了，值班的同事卻雙手一攤，回他說：「假日沒醫生！」意思是要他忍耐。

週一在監看診照了X光，兩名醫生都說不知問題在哪，於是一拖就又到了週五。等到了醫院照X光，結果出爐才發現是結石。唉！監獄什麼時候才把犯人當人看呀！

068

擠擠擠

2011.08.11鋼筆

　　帶兩位收容人就醫,加一加連同司機共七個人,回程時又多加了一位出院的收容人。

　　照理說,救護車其實應該不能擠這麼多人,而且按照規定,要擁有EMT1執照(第一級急救認證)的人員隨車。

　　不久前,某監獄才因救護車出勤時車上隨車人員無人有EMT執照而受罰。但我們這車可連張屁也沒有!大概是我們監獄有錢,沒在怕吧!

等待救命與變革

2010.09.25鋼筆

　　看著隔壁勤區推了個面無血色、表情痛苦、以手捧心的人犯出來，我明明從釘腳鐐到被叫去準備戒護急診，也不過五分鐘不到，卻又花去十來分鐘在勤務中心枯等，一問之下，才知道放著近在咫尺的消防隊救護車不叫，硬是要等待派去門診的自家救護車回來載；於是，在沒有醫護人員隨車、也無人會使用車上的急救設備，以及車子一路上不鳴笛的情況下，花了近十五分鐘才把人送到醫院。所幸我的客戶命大，沒因這一再拖延而蒙主寵召。這之後又再次貪圖方便，只為了少跑一趟車，於是連同門診和出院的收容人、戒護人員以及司機，一共九個人，擠進小小的救護車裡。

　　看著自己和收容人膝蓋頂膝蓋這麼坐著，在這麼近的距離下，倘若他們四個人有心聯手，要擺平同坐的我們，其實易如反掌。十五分鐘後，我很慶幸自己還能活

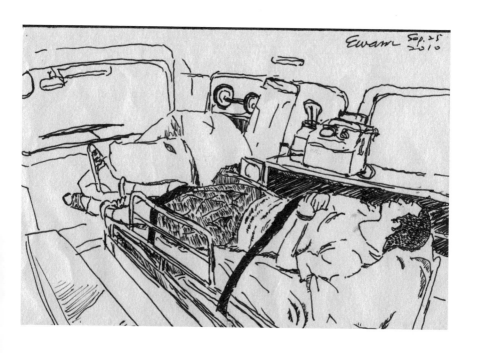

著下車。

　如果有病痛，千萬別進監所；進了監所，千萬別生
病；如果生病，請自求多福；幹了這行，記得多燒幾炷
香……

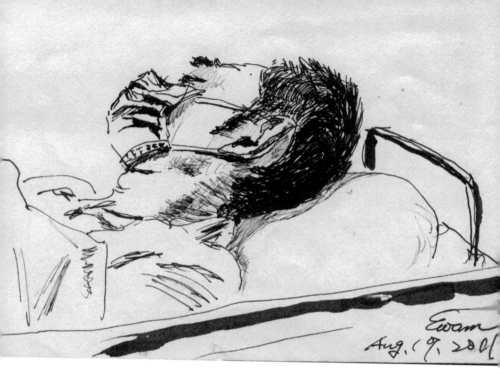

吸毒的代價
2011.08.17鋼筆

在急診室裡，醫生問我們的客戶：

有沒有特殊疾病？

有……H（IV）……

那為什麼會得這病？

因為吸毒共用針頭。

071 鎖鏈

2010.12.20鋼筆

戒護住院時，無論收容人的病症是重是輕，一律是腳鐐、手梏、鎖鏈齊上的；即使病犯開刀進手術室麻醉，也不能拿下來。所謂的五花大綁也莫過於此……

　　坐牢或許未必是壞事。

　　說不定是老天爺安排好的一場戲。

　　祂是編劇兼導演，為的是細心地保護著身處危亡邊緣的人　。

　　該是誰的責任，就由誰來承擔。

　　這，就是老天爺照顧人的方式。

　　然而，只要有人自作聰明打亂了大自然法則所安排的秩序……

　　那麼，反而可能因此斷送了僅有的一線生機。

　　對某些人來說，監獄卻是最後的庇護所……

老病人
2012.06.25繪毛筆

在我上腰鏈時，這位住院的截肢老病人，一邊抱怨著他根本跑不掉，何以還要受到這樣的對待？我雖無奈亦不忍，但仍繼續我的工作，並告訴他：依法規定，我們仍必須如此執行……

在前總統夫人收監在即的這段時間，社會大眾有著不少討論，人道和社會期待這天平的兩端，似乎難以平衡兩全。

平心而論，法律、刑罰本身的存在，就是人們基於社會期待而共同制定的一種規範。在這樣的爭論中，我卻看到人們只關心這麼一件單一個案，卻沒有人真的用心去了解現行獄政的實務上，那些重症人犯在監執行和照顧的現況究竟如何……

Evan
Dec.20.2010

074

媽媽我恨妳

他用力敲著牆壁，臉上的表情滿是怨恨。

「ㄟ！別敲！有什麼問題你跟我說。」

「蔚哥！我住院這麼多天了，我媽都沒來看我，我實在很生氣。」

「也許她這兩天比較忙吧！」

「才不是呢！法院裁定我可以交保，她就是不來保我，我又不是沒錢可以交保釋金。」

我相信他的母親是對的，若用他販毒所得的錢保釋他，無異於將他又推向無底深淵。

同時，我也感覺到了一個孩子對母親既渴望又怨恨的心。

「我相信你媽生活一定很辛苦，你要多體諒她。」

「嗯，她一個人把我們三個孩子拉拔大，她是真的很辛苦；可是我實在可以不用進來關的，而且還來住院。」

「你用毒品把自己糟蹋成這樣，要不是被抓進來，也不會發現你已經腸糜爛、腹膜炎。你想想，這趟進來不是反而救了你一命？」

病房寫影

「林主管，你剛剛跟黃主管說，有些人會因為家族中的某些力量的驅使，而不斷地重複某些行為。」

「沒錯，這叫代間傳遞，妳的問題是什麼？」

「我從很小的時候就一直想自殺。」

「嗯，我懷疑真正想自殺的人並不是妳，而是妳的母親。妳爸爸呢？」

「我沒有爸爸。」

「沒有爸爸是什麼意思？」

「我沒見過我爸爸，我是媽媽在外面和別人生的，我現在的爸爸不是我的親生父親。」

「所以妳媽媽一定過得很苦。」

「嗯，沒錯。」

「我想妳也是因為對父親的思念，所以才會想用吸毒來填補內心的那個空洞。」

「對！我心裡一直有一種空空的感覺。」

　　　　※

醫師巡房。

「小姐，妳是輸尿管結石，要是沒有及早來住院，妳的尿液就會把腎臟撐到臟壁變薄，到時候就會腎衰竭要洗腎。」

學姊：「看！妳實在太好運了，前天才新收，昨晚人就不舒服來住院。」

「林主管，我外婆就是因為腎衰竭死的。」

「那麼妳在做超音波碎石的時候，就向妳的外婆祈禱吧！我相信會有幫助的。」

　　　　※

「他的病況如何？」

「阿蔚，你得要小心，他是酒癮戒斷的，很危險。」

「什麼時候送出來的？」

「昨天晚上。」

「刑期多久？什麼案子？」

「兩個月，竊盜案，前天晚上是你新收的啊！怎麼？你忘啦？」

「喔！對！通知家屬了嗎？」

「有，王科長說要請他媽媽來繳罰金，領他回去。」

「那家屬怎麼說？」

「他媽媽說她兒子只是偷廢鐵去買酒喝，又不是什麼大案子，而且在榮民醫院住院住得好好的，硬是要把他從醫院帶走，既然是我們公務員抓的，就要我們公務員負責。真是莫名其妙！人是警察抓的，又不是我們抓的。」

「好一個警察年底拚業績的結果。」

「他媽媽還說他八十多歲的老爸爸也在住院，她根本沒時間來看他。」

「看來就是沒人可以照顧他，才會進來由我們照顧。」

076

開心
2012.05.11鋼筆

　　說也奇怪，監內一些病號人不舒服，一帶來醫療中心
見到我們的護理師冠年妹妹，就什麼病都沒啦！

077 不要！

2012.04.24鋼筆

　　老人家什麼都不吃，血糖過低可能危害到生命。即使醫生都說了重話：「血糖太低人會死，救回來也是植物人。」他卻仍然不為所動，連打點滴都不願意。記得上回也是這樣，結果外醫住院時，卻馬上要探病的家屬買一堆食物打牙祭。唉！老人家你也行行好！為美食這麼拚是幹嘛呀！

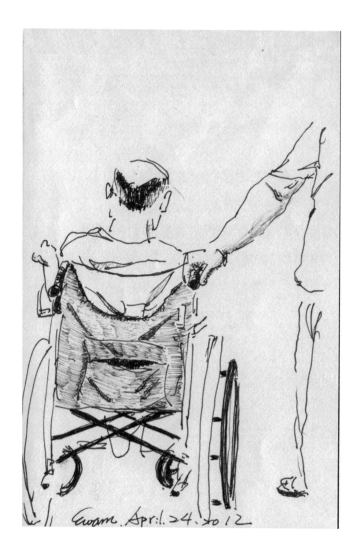

Guam. April. 24. 2012

175

頭好痛！
2011.02.20鋼筆

　　一名身罹肝硬化、才剛出院的收容人，因為頭痛，不吃不喝地蜷縮在門邊。

　　他的身體，因為HIV的併發症而幾無完膚。

　　我和值班的同事看了於心不忍，但回報後，長官給的指令卻是「安撫」……唉……

Ewan Feb. 20. 2011

啊———
2012.07.03鋼筆

依照規定，收容人的藥品平時必須集中控管，按醫囑時間給藥時，必須監看其服用，以杜絕其藏匿、囤積、私相授受藥品之弊。房裡的收容人就得在覘視孔前服下藥，並像做鬼臉似的對著我張開大嘴：啊——舌頭向上翻、向左翻、向右翻、伸舌頭，好證明他真的有把藥吞下肚。咦？好怪！我是戒護科管理員，又不是醫事人員，怎麼有權責管理、保管、給予病人藥物呢？何況我也沒有藥學的專業背景可以做到給藥時三讀五對的要求，這一切依照矯正署的行政命令得這麼做；但這不是明顯違反藥事法及監獄行刑法等相關法令嗎？給你藥的不是醫生、不是護士、不是藥師，而是保全。你敢吃嗎？

Evam July. 3. 2012

證據

2011.04.20鋼筆

收容人服用的管制藥品都必須要經過監管。

這位罹癌的客戶將嗎啡錠偷偷藏了起來，拿來向另一位收容人換洗衣粉，但還是事跡敗露。

一行人在觀看監視錄影帶的過程中，他表情無奈地看著。不知生命已是倒數的他，心裡作何感想……？

發藥

2010.12.12鋼筆

在舍房值班時，我最不愛的就是發藥這件事。按照規定，我們要一房一房、一個一個核對收容人照片和藥品，然後要服藥的收容人備好盛水的容器，由我們將藥倒入水中，再目視他們服用。為的是防止他們囤積、挪用藥品，或者私相授受；但其實這樣的「規定」大有問題。

就法律層面來談，無論依據醫藥相關法令，以及監獄行刑法，或者是監獄行刑法施行細則，藥品是衛生科的職掌，給藥是醫事人員才能做的事，我們這些戒護科的監所管理員並無發藥的權限。就實際生活常識而言也說不過去。今天如果去看醫生開藥，前前後後病人都沒看到藥，事後卻是由警衛拿給病人吃。如果是你，你敢吃嗎？

就只因法務部為了便宜行事，長期漠視相關問題，以

致以適法性有問題、甚至可能是違法的行政命令代替法

律。出了事可是人命關天哪！

　　阿正伯

　　阿正伯提著籃子到各單位發藥，他從技訓區走回中央
一台，東台灣的太陽相當毒辣，高牆隔絕了僅有的微
風，水泥地和牆壁活像鐵板，煎得他大汗淋漓。

　　他推開合作社鐵門，看見雜役們剛送貨回來，大夥把
東西歸位後分批下去沖澡。

　　「藥師你來啦！」

　　「厚！幸福捏～要是也能沖個澡該有多好。」

　　「可不是嘛！沒想到才回暖就是大熱天了。」

　　「我要趕快離開地球表面！藥在這裡，你點收一
下。」

　　「好的！」

　　關上鐵門才走沒幾步，就聽見合作社裡有人大叫：

「不好啦！細仔！細仔！」

原來細仔脫下衣服後，提起水桶往身上倒，他只覺得水比想像中的還冷，接著就像被點穴一樣沒法動了。久違的氣喘竟在這時找上門⋯⋯

阿正伯慌忙往回衝，緊張地推開鐵門，只見細仔一臉蒼白地躺在地上。

「藥師快救他！」

呼吸？沒有！心跳？也沒有！

「喂！醒醒！醒醒！」

「打到衛生科！快叫救護車！」

「救人要緊！」他完全顧不得防護自己，立刻投入救人的工作。

一下、兩下、三下、四下⋯⋯

吹⋯⋯再吹⋯⋯

快點醒過來！

⋯⋯十三、十四、十五⋯⋯

吹⋯⋯再吹⋯⋯

「求求你醒一醒！」

時間像靜止了似的⋯⋯

「求求你動一下！求求你！」

孤軍奮戰的他幾乎快爬不起來了，他喘到不行，最後只能扶著牆跟在大家後面跑。他的視線愈來愈模糊，但在看到救護車出發後，一顆心總算安定不少。

回到衛生科的阿正伯，無力地癱坐在座位上，他仍狂喘著，臉脹紅著，一邊用衛生紙擦著臉上不斷飆出的汗水，連電話鈴響都沒力氣接⋯⋯

我接起電話。「好，我知道了。」

掛上電話後，只見他滿心期盼地望著我。

我雖不忍，但還是誠實地對他搖搖頭⋯⋯

「嗚⋯⋯幹⋯⋯」

083

看生死
2011.01.25鋼筆

　　民國九十年底，我調回宜蘭值班的第一天，就遇上了監內出名難搞的人犯對著我咆哮。

　　接下來的三個月，我們的過招十分精彩……

　　這一回他再次入監服刑，患了癌症的他，皮包骨的身子瘦得不成人形。

　　以往不是吵鬧足以形容的景況，最近的他卻改變了不少，人變得沉靜，氣色也好多了。

　　我為他作畫，將速寫拿給他看。

　　「哈哈！怎麼對我這麼好呢？」

　　「誰叫我們是老朋友呢？」

　　「也是啦！也是啦！」

　　「你的氣色好很多呢！」

「一樣會死啦！而且不會太久了！哈哈哈！」

看他豁達大笑的樣子，我突然明白，他已不再爭鬥，亦不再害怕，因為看透生死，他已能與死亡和諧共處。

阿亮

　　一踏進隔離舍，阿亮走向我，給了我一個直挺的立正和標準的敬禮。

　　「嘿！幹嘛啊！這是……」

　　心裡正納悶著，未等我開口，阿亮就用和平日反常的大嗓門說話：「蔚哥！我假釋准了！」

　　「哦！好樣的！恭喜啦！」

　　「我要謝謝蔚哥這些日子來的照顧！」

　　「ㄟ……哪的話！我才要多謝你幫了我很多的忙。真是不容易呀！」

　　「是啊！都關五年了……」

　　阿亮是隔離舍雜役，說真的，遇到我算他倒楣，因為在宜蘭監獄我算是出了名的殺手主管，被我簽送隔離舍的收容人不可勝數；因此，只要是我當班，他一見到我

進門便馬上頭大：

「媽呀！怎麼又送人來了！我們隔離舍快被你送的人住滿了啦！」

「少廢話！還不快去張羅他們房內的寢具和飲水！」

往往我的出現都令原本已忙得不可開交的他，變得更沒有時間休息，我也十分清楚，他在人前背後不知幹譙了我多少回：

「馬的！帶賽！掃把主管！」

「幹！害我事情做不完！」

我雖然對不遵守紀律的收容人向來不手軟，但是對工作勤奮的阿亮卻是包容有加。

每回送信到隔離舍，他只要是盯著郵袋的方向看，我總會塞一個麵包給他，即使我忙到忘了或故意不告訴他，他自己也會偷偷過來挖麵包，我也總是裝作沒看見。

他提到我對他的照顧，或許就是他吃的那些麵包吧！

「你出去之後要幹嘛？」

「我工作找好了，我有位朋友在他公司為我安插了工作，而且家人也在等我回去一起生活。」

「嗯，有目標那就好，出去之後你可要好好保重！改天我們外面見了面，我再請你吃飯！」

「謝謝蔚哥看得起！」

「ㄟ！別這麼說！我們可是朋友啊！」

突然，我像是想到什麼似的，對他說：「阿亮，你出去之後可要好好過你自己的日子，別再幫別人擔些什麼有的沒的。」

我一說完，臉上原本堆滿笑容的他，登時變回五十多歲歷盡滄桑的樣子。

他既驚訝又感慨地說：「唉！你怎麼知道的？我這一條就是幫我兒子擔的。」

「所以你要聽我的苦勸，別再幫別人出頭了；該是誰的責任，你要讓他自己去承擔。」

「是啊！你說得沒錯，要不是我這趟幫我兒子頂罪，他也不會死於用藥過量。謝謝你的提醒，我會好好過我自己的日子。」

085

醫療與正義

2012.11.01鋼筆

　　二代健保實施在即，同仁阿助忙碌地穿梭於各單位宣導。

　　不久前，有民間監督健保聯盟團體表示，二代健保法實施後受刑人健保費全由政府機關繳納，其作法不符公平正義，法務部亦表示二代健保法審查時，同意收容人納入健保，但反對收容人健保費由政府全額繳納之立場，因為一般國民須自己繳納，但犯罪被判刑確定的受刑人，卻由政府機關編列預算繳納，並不符社會公平正義原則。

　　身處在一個法治國家，犯罪行為自當受到司法追訴懲罰，公平正義之遂行從法院判決確定發監執行開始，至刑滿釋放為截止，國家依法律執行刑罰剝奪其自由，只留下最底限的基本人權給受刑人，這在法理上是可以理解的；但我不解的是，受刑人在監執行期間，同時也受

Evans
Nov. 1. 2012

194

到國家的監督與保護，所以我們監所管理員的工作才會叫作「戒護」（警戒與保護），不是嗎？醫療理當是最基本的保護，如果拿醫療保護比量公平正義，那麼，我們國家正義的底限何在？這也和政府大力推行的「兩公約」中「經濟社會文化權利國際公約」第九條：「本公約締約國確認人人有權享受社會保障，包括社會保險。」而將收容人納入健保的精神相違背。

如果社會公平正義原則指的是受刑人健保費應該自己出錢這件事，我可是舉雙手雙腳贊成。使用者付費，不就是天經地義的事嗎？但他們每個月的工資也才兩百一十元，遠低於失業勞工六百五十九元的健保費呀！

086

特赦

　　夏日午後與幾位受刑人閒聊。

　　「這次減刑你們有減到嗎？沒減到心裡會不會難過？」

　　「沒有，大部分都沒有。」

　　「反正我們幾個刑期也不長，其實減也差不了幾個月。」

　　「有減到算賺到，沒減到也是本來應該關的，所以也還好啦！」

　　「現在景氣那麼差，提早出去要是過不下去了，還不是一樣進來！」

　　「都放一些竊盜、強盜什麼的出去，哎！只會更亂啦！」

　　「買票啦！買票啦！還不是拚選舉。」

　　「我們看不過去的不是減刑，而是特赦。」

「哦？怎麼講？」我好奇一問。

「十月就要出去的人了，你現在六月放他出去有什麼意思？」

「是啊！是啊！」

「而且他是連續犯耶！又不是只放一次炸彈。只犯一次，你要赦還勉強說得過去，連續犯你放他出去是什意思？」

「哎！買票買成這樣子，以為這樣農民就會選他們嗎？」

「是啊！是啊！錢都不會花在老百姓身上，出國拚什麼鳥外交還擺闊，多帶一架飛機就白白多浪費了兩千多萬油錢，要不然也拿給學生吃營養午餐。」

「幹！那是不是我出去後，也來當個什麼水果炸彈客的也沒關係？」

「不要啦！幹嘛用水果，要西瓜炸彈客、柳丁炸彈客、鳳梨炸彈客、糯米炸彈客啦……什麼的分開用，這樣還可以多一點人抗議啊！」

「對啦！以後抗議都放炸彈，反正都會特赦嘛！」

087

小山

「喂，第N工場您好，嗯，×××號啊，等等，我查一下，有！好，我叫他準備。×××號接見！」

一個身影舉手答右，我依稀覺得眼熟，他似乎猜著了我的心思，頭迅速別了過去，我不自覺地低頭看了一下座次表上的名字。

咦，這不是……

「烏主任，跟你打聽個人。」我忍不住開口打聽「他」的消息。

「誰？他不是在你勤區工場嗎？你認識喔？」

「他似乎不想讓人知道我們認識，麻煩你幫我保密。」

「嗯，他進來很多趟了耶，從舊監時代開始就是我們這裡的常客，犯的案都是……」

聽著聽著，我的腦袋嗡嗡作響……

小山是我進幼稚園時第一個認識的小朋友，他的頭髮很鬈，在眾多小蘿蔔頭裡顯得格外突出，我們總能玩在一起，活潑的他也理所當然成了我們這群小毛頭的孩子王。

　　上了小學後，他的成績除了經常名列前茅外，那一手父母特意栽培的好琴藝，也讓他為學校和班上爭得了不少的好名次，老師們個個對他寵愛有加，而我也是愛聽他彈琴的頭號小粉絲，那時我總是跟前跟後，他也只和我分享他偷偷帶來學校的玩具，同班同學有時還因為玩不到，而吃味地向老師打小報告。

　　青春期的他，很快就高出我一個頭，每天例行的升降旗在隊伍前發號施令的學生值星，自然非他莫屬，多才多藝加上外型英挺俊俏，不知是多少女同學暗戀的對象。他在陽光下閃閃發亮，我則和幾名病號同學共享不必上體育課的殊榮。同樣的年齡，不一樣的青春。

　　但漸漸的，我們變得愈來愈不一樣了。

　　後來，圍繞著他的是一群經常吸菸、逃學、鬧事的學生，而我也不再是可以和他玩在一塊兒的玩伴了。

　　「林文蔚！把我的書丟過來給我。」

「喔，好！」

方才出手，一個人正好走過，這書不偏不倚正好砸在來人身上。我倒抽了一口氣，一旁的同學們無不驚呼，而叫我丟書的人則瞬間消失無蹤。

「對、對……對不起。」

來人是經常鬧事的阿龍，他惡狠狠地瞪著我，正要說什麼時，上課的鐘聲及時救了我一命。接下來的幾天，我一直帶著忐忑的心情上課，好幾次我偷偷地瞄阿龍，他似乎完全不記得那天的事。

「小蔚！我們很久沒一起玩了耶！你要不要跟我來？」

小山的邀請讓我興奮無比，就如以往般，我們有說有笑地走著。過了運動場，他要我往司令台後面走，我才轉過去，他冷不防地在身後推了我一把，我一個踉蹌，摔了個狗吃屎。

「幹！你什麼東西，敢用書丟老子！」阿龍怒目切齒地說。

接下來我幾次倒在地上，小山也一次次地把我抓了起

來向前推，阿龍的拳頭和他嘴裡的髒話一樣沒停過；我的肚子很痛，嘴角流著血，鏡框變形得厲害，胸口還有一個大大的鞋印，最後我沒再看到他們兩個。我眼裡是一片本來應該很藍很藍的天空，但它霧霧的、灰灰的，因為鏡片上全是砂子。

上課的鐘聲再次救了我，我肚子很痛，但沒有哭，不是不哭，而是不知道怎麼哭，我呆呆地走回教室，在同學們的側目下入座。這天我知道了什麼叫「出賣」，也開始明白，小山已經不是我認識的那個小山了。

現在的我高他半個頭，我看著他，他依舊避免與我四目相接。我們心照不宣，我靜靜地移開我的視線，為他保有他努力維護的尊嚴，這是我僅能為他做的。

只是，我仍忍不住一次又一次在心中追問：

「你那雙滄桑的眼睛看過的都是些什麼？到底經歷了什麼，讓你一再失去自由？在你背後還有多少故事？你……還彈琴嗎？」

Chapter5

坐牢人生

088

打飯菜
2010.10.17鋼筆

　　在監所工作，最常被問的一句是：「他們會不會像電影《監獄風雲》那樣，在食堂裡打群架啊？」

　　基本上，台灣的監獄並沒有大食堂，不是在工場、就是在舍房開飯。其實若想要打群架也不必挑大食堂，任何地方都有可能發生。

　　在舍房開飯前，由雜役推著板車，將飯、菜、水，分配到各個房門前盛裝，再由遞物口送入……

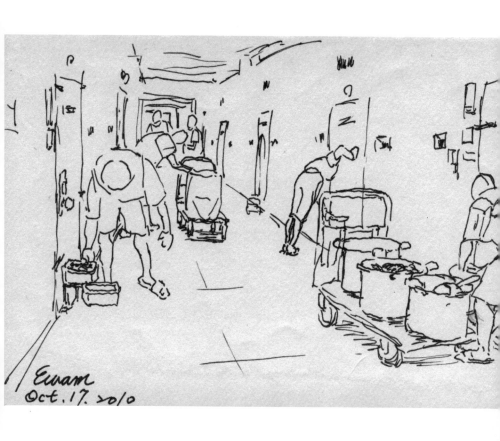

Ewam
Oct. 17. 2010

十三人／四坪
2010.08.19鋼筆

　　不到四坪大小，四組上下鋪木床，一組蹲式馬桶，沒有冷氣，只有吊扇和抽風機各一組。十三個人共用這樣的空間生活，地上躺直的叫中山北路，躺橫的叫忠孝東路。

　　有些舍房甚至可容納十五、六人，在酷暑的盛夏，房內溫度更高達三十度以上。所以樓上的舍房叫烤箱，樓下的則叫蒸籠。

　　台灣幾乎每個監獄都超收，而宜監的容額早已超收兩成。但正爆發新流感群聚感染的情形下，每天竟還要繼續收納板橋地檢移來的新人犯，擺明著把人往疫區送。

　　犯人可不是抓進來關，問題就解決了啊！真不知道法務部到底怎麼想……

090 牢房裡的矮牆
2012.05.23鋼筆

　　為了便於監看收容人的動態，牢房裡的廁所只有一道
沒有門的矮牆，這是公權力之下，受到基本人權保障的
收容人僅能擁有的個人隱私。

　　由於廁所不是獨立空間，只要有人大便，房內就會臭
氣沖天，夜裡把其他的人薰到醒是常有的事。洗澡時也
得坐在馬桶旁的地上洗，再用透明塑膠布擋在矮牆的缺
口，免得水濺到打地鋪的人。

091

酷暑難耐

2011.06.12鋼筆

　　狹窄悶熱的房裡，只有一支吊扇，一支抽風機。不開封的假日，收容人既要打發無聊的時間，又得要對抗攝氏三十度的高溫。在房內是不准打赤膊和沖涼的，只能露個肚子，逕自使用自購巴掌大的電扇；不過可想而知，怎麼可能會涼呢？況且，收容人的電器也全都要靠電池才能使用。大家或許不知道，監所收容人是全國購買乾電池最大宗的客戶。

我們都是人

　　一早上班點名前，在和同仁們的閒聊間我才發覺，今天早上看到的新聞又是在宜蘭發生的。就在科長再三叮嚀要注意新收的被告之後，我知道，今天又是忙碌的一天。

　　我常自嘲自己是看守所的吸油煙機，原因無他，在每天兩回開門讓被告們出房吸菸時，我所攝取的尼古丁量應該不會比他們少。

　　一般被告們面牆排成一列，席地而坐。我照例發完菸之後，開始例行性地詢問他們是否有任何問題；但今天卻都沒有人回答，因為多數人的目光大都集中在那個——主任正在問話、做資料的——新收被告身上。

　　過了一會兒，才有人開口說：

　　「主管！你能不能請主任讓他和我們同房？」

「是啊！我們也想請主任讓他配來我們這房。」

我心想：呵！他的身分特殊，你們想幹什麼我還會不清楚嗎？

「你們想幹什麼壞事啊？」我刻意的問。

「主管你放心，我們要做什麼也會避開你的班，不會讓你為難的。」

這時某甲開口了：「主管！你怎麼沒有去教化教化那個搶農會的警察？」

「我不會這麼想，我相信他會做這種事，一定有他不得不的理由。」我回答。

吵鬧的氣氛頓時靜了下來。

「我們不少人之前就是被那傢伙抓進來的。主管！你怎麼看他？」他問。

「我只看到一個日子快過不下去的人，不然他不會做出這樣的決定，況且，都是快退休的人了，要不是被錢逼得走投無路，何必還要冒這樣的險呢？」我說。

他接著說：「還好那傢伙沒有傷到人。」（註：聽他這麼說我很為他高興，因為他是分屍案的嫌犯。）

「嗯，我們不是他，不會知道他所遭遇的痛苦。我相

信他是在面對了非常大的困難，才會做出這樣的決定，我想他當時一定也十分掙扎。相信你們當初也一樣。」我說。

「你這樣講滿中肯的。」他說。

「我只看到一點，其實我們都一樣，我們都是人。」我答道。

此時在我身後，聽到小小聲的咕噥道：「是啊……我也不願意啊！」

我回過頭來一看，只見某乙正在喃喃自語。

一個白天就在忙碌之中飛快度過了，收封前，科員匆匆忙忙地跑了進來。

「某乙家裡不知有什麼事，寄了一封快遞過來。」他說。

信封裡除了兩張信紙，還有一張大頭照。

某乙看到照片，信還沒有讀，淚就從臉頰滑落了。

「……」

「誰寄的？」

「我前妻。」

214

「是家裡有什麼事嗎？」

「沒有，她要我不要擔心家裡，她會好好照顧孩子。」

「她還愛著你、很關心你。」

「嗯。」

「你也要好好照顧自己，不要讓她白等了。」

他點點頭，久久不能自已。

093

禁見房吸菸

2011.10.08鋼筆

　　一些名人政要涉訟羈押後，生病的新聞大都會讓社會大眾懷疑是否為裝病？但其實這種從雲端直落為階下囚的打擊，應該沒有幾個人能受得了。

　　為防串證，禁見被告除委任律師之外，不能與親友通信或接見，有時因訴訟延宕，可能就禁見好幾個月，其苦其悶不是一般人所能想像。能不能解禁？有沒有機會具保？訴訟的結果又是如何？要關幾年才能重見天日？家中能否安好？誰也不知道。

　　我往往在他們開房吸菸時，看見他們的心思和眼神，似乎隨著輕煙飄出窗外，而按熄菸蒂的剎那，彷彿希望和自由也隨著星火一同熄滅……

隔房吸菸

2013.03.27鋼筆

　　按照規定，同案的禁見被告不能同房，就算到了吸菸時間，也是隔房分批吸菸，將房門當屏風用；除了禁止交談外，同時也必須監視他們有無用眼神、肢體來打暗號，再者，平時也嚴禁他們隔房喊話，非值勤人員亦不得與之接觸，用意就是為了要防止禁見被告串證。但即使是我們這麼用心防範，在院檢對證詞有勾串疑慮時，還是會第一個懷疑到我們身上。檢察官和法官或許並不知道，被告們在出庭的囚車上，以及法院庭訊暫時留置的拘留室裡，有許多時間可以交談、甚至喊話，而法警也大都不制止……

　　羈押禁見被告本是司法官在訴訟中為保全證據所採取的終極手段，必須在被告供出所有犯行、共犯均遭逮捕，或是事證均明確已無勾串共犯、證人之虞時，才有可能解除禁見；但台灣訴訟曠日費時，一禁數月是常

態，即使是等出庭也可能得等上個把月，這也讓外界有了押人取供的質問；甚至有些是一禁再禁，一延再延，中間都不出庭，直到不能再押為止……

聽同仁提起，容額兩千餘人的台北看守所，禁見的人數約莫只有一兩百，但在容額方百的宜蘭，我作畫當天禁見的人數卻已過半百，也遠高於一般被告的人數。每當新收看到進來的又是禁見被告時，我總忍不住會想：

這到底是宜蘭治安變壞了？或是訴訟效率太差？還是……

095　盡夜思
2012.07.09鋼筆

刑期長長淚不歇，

黑夜漫漫夢不絕，

輾轉反側乍驚夢，

盡夜長思自作孽。

096

現場

2013.04.27鋼筆

　　為了被告接見時激動的情緒，科長除了在電話中再三叮嚀，同時也在巡視看守所時要我們多加留意。

　　「要記得……」科長說：「注意就好，不要去問他，給他多些時間沉澱和思考。」

　　監視器畫面裡，在上鋪的他弓膝許久，我不得不走進臭氣薰天的中央走道，向下望去，被窩形成的黑洞依稀可以看見他的左手，一會握拳，一會張開，卻很難看懂是在幹嘛。我靜靜等著，終於看出他的動作……

　　「我這邊有人割腕！」樓上的同仁聽了馬上下來支援，股長也帶著鑰匙趕到。

　　「你出來一下，我們聊聊。」

　　他紅著臉：「不是睡覺時間嗎？」

　　「就出來一下，算是幫我個忙……」

　　他不情願地出房。「幹嘛？」

「有什麼困難可以跟我們講，我們會盡力幫你。」股長說。

「沒有啊！哪有！」他說。

「沒有的話，麻煩你左手給我看一下。」我說。

他搖著頭，把左手藏進懷裡。

「我沒別的意思。如果有傷，希望請你去衛生科敷個藥！」

他終於開始卸下心防，說著羈押這一年來，對母親妻兒的思念，以及妻子提出離婚的事⋯⋯

「兄弟，你這麼做，你的孩子就再也看不到爸爸了。你媽媽那麼愛你，接見後還去找科長，希望我們幫助你，想想看，你這麼做，她會多麼傷心啊⋯⋯」

097

兩坪以上，三坪未滿

2012.05.06鋼筆

　　前一陣子，法務部和前總統陳水扁家人，為了阿扁牢房到底幾坪大而展開了口水戰。扁家人稱阿扁只有〇‧三坪的居住空間，法務部則公布北監相同大小的牢房數據，指出阿扁實際有約一‧三八坪的空間，居住條件與同棟舍房的其他收容人相同。扁家人於是又質疑，扣除廁所、置物箱面積後則僅剩〇‧三坪的空間。

　　但說穿了，阿扁的牢房空間是比一般收容人大了些，以宜蘭監獄的現況來說，兩坪以上、三坪未滿的牢房很少只住兩個人，大都是三到四個人共用，有時還得擠到五個人。但依法規定，每位收容人必須要有〇‧七坪的使用空間，這中間的差距到底有多大？夏天牢房裡只有一支吊扇，有多悶、多擠，大家可以想像一下。

　　至於扣除廁所、置物箱才是使用空間的說法，大家不妨再想想看，建商算房屋坪數是把浴廁、桌椅、櫃子占

226

用的坪數算進來，還是扣掉呢？

　　阿扁自收押到入監執行，無疑成了法務部宣傳台灣獄政的樣板。穿西裝出庭其實不算是禮遇前任元首，而是每位收容人的基本權益，但我在移監時，還沒看過有誰出庭是穿著自己體面的衣服的；一般收容人借提還押要在新收房考核數週，前任民代卻只要待個兩天就可以，這種遇到權貴就變的獄政現況，真是丟台灣人的臉！

098　選擇

　　如同平常的日子般，凌晨五點值班時，我通常都會在六點五十分響起起床號才算真正清醒，那天的感覺卻不太一樣。

　　即使腦袋不太清醒，卻可以感覺到一股深重而緊張的氣氛，在監所工作久了，這樣不安的氣氛往往是在訴說有事情即將發生，但在實際巡視之下，舍房內的收容人卻是十分安穩地在睡夢中沉睡著……

　　我不禁納悶，這樣的氣氛是打從哪兒來？

　　難不成是我多心了？

　　七點左右，鐵門應聲被打開，同事帶了個人進來了，後面還跟著我們班上最壯的替代役男。

　　我終於知道那股張力的來由了，那是宜蘭近來鬧得沸沸揚揚，人人聞之色變的……

分屍案凶嫌。

　　魁梧的體格，冷靜的表情，他所犯下的是凶殘的重大
刑案，所以在戒護上，我們不能有任何一絲閃失，也難
怪中央台會同時派兩位同事帶他過來。

　　就在檢查和對話的過程中，我依稀可以感覺到他隱藏
在冷靜下的不安與疲累，還有圍繞在他身邊，不屬於他
的悲傷與憤怒，以及我們同事們緊張的情緒。

　　我看著他的眼睛，在心裡告訴他：

　　我相信你會配合這裡的作息。

　　突然間，他眼中的不安頓時減少了些；在他進房之
後，我知道……經過了多日的逃亡，今晚他終於可以安
心睡上一覺了。

　　幾次的接觸之後，仍可以看出他對管理人員的不信任
和防衛，我想大概不只是對管理人員，即使對同房的三
個禁見被告也是一樣，他沉默的時間總是遠比說話的時
間多。

在看守所，為了遵從規定和避嫌，我並不會主動找被告說話，尤其是禁見被告。但在每天兩次的開房吸菸時間，我總會和他們聊上一兩句。

他看同房其他三人開心地與我聊天互動，也開始找話和我聊。

這天，一開門，發了菸，其他三人就聊了起來，他直看著我，似乎有什麼事要和我談，我待四房全發完、點完菸，回頭站在他房前，等著他開口。

他告訴我：「我很羨慕你。」

我問：「為什麼？」

他說：「因為你愛看書，也不放棄進修的機會，而且有一個安穩又不愁吃穿的工作。」

接著，他說：「我為了討生活過得很辛苦，因為以前犯過錯、坐過牢，在社會上其實沒什麼機會，一切都只能靠自己。」

我告訴他：「我並不這麼看。你也有值得尊敬和學習的地方。」

我話一說完，他一臉愕然地看著我，

原本在聊天的三個人也突然沉默地望著我。

我說：「因為你自始至終都靠自己，而且也自食其力地養了一百多頭豬，你的堅強和獨立是值得我學習的，你的生命比我堅韌太多太多了。」

他接著說：「我羨慕你可以選擇自己要過的生活，而我做了太多的錯事，所以我沒有什麼可選擇。」

我問他：「那麼，你為了什麼才會去做那些你認為錯了的事呢？」

他回答：「為了生存。」

我說：「為了生存所做的選擇其實是很偉大的，有些人終其一生既不會也不敢為自己、為生存做選項，所以我佩服你的勇氣。老天爺在讓人抉擇時，其實並不會只給予一個選擇，但無論選了哪一條路，我們都得承擔。」

就這樣，我看著他，他們四人看著我，一陣沉默之後，他臉上泛出了神采，眼神又回復了身而為人的尊嚴。

在監所工作邁入第八個年頭的今日，我從剛開始的厭煩、不耐，到今天的欣喜、投入，這樣的轉變不僅是我自己感到詫異不已，連我周遭的人都覺得驚訝。

　　從前，我並不相信罪犯會悔改，而今，我看見他們都只是為了生存、為了拯救家人，才會成為一個不得不去選擇傷害自己也傷害別人的人……

　　面對他們時，我不再只是看到衝突，而是看到重整和秩序。

　　我開始學著用愛對待，我相信用愛對待他們，當他們真正得到療癒時，被他們傷害的人也會得到療癒；被他們殺害的人便可以得到安息。

　　他們，都是我的人生導師。

099

人間有情天

這又讓我想起之前接觸過的幾個收容人。

在台東上班時，有個收容人的年紀大概和我差不多吧！他的案件其實很單純，刑期也不長，原因是在社會上無法謀生，以致犯下竊盜案件。但是他在執行期間發病，半身不遂而無法自理生活，由於家人都已不在了，因此雖符合保外就醫的法定條件，但也只能待在監內的病房，並由專人打理生活及看護，而日常用品等開銷則由病房內的其他收容病人代為分攤。

在監內，他的衣食無缺，有人照顧生活，也有知心朋友。

但刑期總是有一天會滿的啊！

他出監那天是由台北的療養機構帶走，當他的輪椅被推出病房的那一刻，臉上的無奈，眼裡的無助和不安，我大概一輩子都忘不了。

同病房有位八十三歲的老爺爺，犯下的都是竊盜案件，而且已經累犯七次了。

看到這裡，你會不會和判他重刑——法定八十歲以上應減輕刑責，但以他的年齡來看，他的刑期算重了——的法官一樣，「頑劣分子！你進監獄好好想清楚吧！」

如果我告訴你，他是個被金光黨騙光積蓄的老榮民，無以為生，不得已之下，只好在醫院的慢性病房偷取病患抽屜裡的財物，那麼你是否會對他持以不同的看法呢？

如果我再告訴你，那位審判的年輕女法官是剛從學校畢業、毫無社會經驗就考上司法官的，那麼你會否對法官的判決和所說的話有所質疑、批判呢？

還有，在宜蘭這邊有一位年輕人，話很少，人很憨厚，和別人互動不太好，聽同事說他是老犯人了，但因為從少年開始就一直犯案，到現在也都成年了。

由於他安靜少言，因此就被派去做打掃的工作，老實說，還真的沒看過他摸魚。和他熟識的同事則說：「他的貢獻都在宜蘭監獄了。」說實在的，真的是這樣！

有一位四十出頭的男子，每次同工場只要有打架或查獲違禁品時，一問誰有分，他一定舉手承認：「我！我！」

老天！隔壁房打架隔著牆你也有分？怪怪！莫非你使得出「隔山打牛」的絕世武功？

但你知道嗎？他是個無家可歸的孤兒，國民義務教育也沒能完成。他從小就是被欺侮的對象，一直找不到足以謀生的工作，犯案一次後想要再找工作就更難了。

他告訴我，他每天都祈禱不要出去，因為在監內很好，他得以活下去，出社會他只會餓死。

看到這裡，你能否告訴我，我要怎麼告訴他們，人生的願景是什麼？你是否和我之前一樣，從這些人身上看到的是國家社會福利的不完善呢？

我想這部分自然是有的，但我又看到了一些其他的部分……

我看到了生命的韌性與堅強。

監獄雖不是什麼好地方，但在無形中也成了許多人的庇護所。

生命本身在遭遇困難時會自己尋找出路，或許這樣並不完美，但對這些人來說，卻是現下最合適的安排。

　　世界終究不完美，現實又是如此殘酷，但我仍能看見愛。你呢？

Chapter6

高牆內的舍房

Evan

100

脫胎換骨，浴火重生

2012.07.08鋼筆

　　走進宜蘭監獄中央大走廊入口，就會看到「脫胎換骨，浴火重生」八個大金字，這是六月時法務部長曾勇夫出席高雄戒治所舉辦的發表會——為收容人戒菸比賽成果發表舉辦的「華人戒治處遇實證暨品格教育成果發表會」——會中說出「脫胎換骨，浴火重生，從戒菸開始」之後，就被監所拿來用作年度宣導的口號。

　　誠然，有毒癮的出監後不再「託胎患蟲」實在少之又少，而道上兄弟不「劫夥叢生」的也實在難之又難。部長所言「脫胎換骨，浴火重生」這兩句話，實在是對矯正工作充滿期許，但理念付諸實行就容易變了調。試想，戒菸可以用來比賽，大概也只有監所才搞得出來吧！而且監獄一直在比賽戒菸的績效，但我實在搞不懂，戒菸和犯罪矯正有什麼關聯？難不成性侵犯戒個菸，出監以後就不會再對女人動手？或者，幫派列管的

戒了菸，從此就金盆洗手？

　　這八個大金字在監所隨處可見，這邊牆上也有，那邊樓梯轉角也貼，儼然變成了樣板。但成效如何呢？只要問問監內的收容人這四個字是什麼？他們都會詭異地笑著說：「啊不就是『脫衣陪酒，慾火焚身』！」

101　巡邏

2010. 10. 13鋼筆

一個個寂靜的夜裡，我走在漆黑的舍房走廊巡視著，

十五分鐘一趟，再十五分鐘一趟……

時光飛馳，我就這麼走過了十二個悶熱難熬的酷暑，

以及十一個寒冷無情的嚴冬。

Since 1999……

102

新收房的人數表

2011.07.07鋼筆

　　長官說：「為了讓你們管理員可以正常休假，在現有的警力之下合併勤區。」於是，夜間一個人兼兩個舍房變成了常態，就連新收房這樣的重點勤區，都要兼兩層樓共三個舍房。

　　以我作畫當天來看，這個勤區總管理的收容人人數達629人，以當天全監總人數2,895人來計算，等於一個人就要管理全監五分之一的受刑人。就管理員和收容人的理想比例一比四來看，要擔負的責任有多重實在不難想像。

　　尤其假日一個人一天共要值勤十二小時，在這十二小時要走約十公里、上下各八百級的階梯。累都累翻了，怎麼還有心力顧及每一位收容人？不過就等出事被懲處罷了！表面上看來是正常休假的德政，說穿了也不過是長官拚績效的手段！

平乙舍　舍房人數表　101年7月7日

新收考核	181	接見		
移監考核	6	教化		
解返考核	29	看診		
加強考核		公差		
審押考核	1	出庭		
舍房作業	4			
待改配	16			
其他				
雜役	7			
額定工作		和三舍合計		93
合計	244	平一舍總計		292

July. 7. 2012

243

103

祝你生日快樂

　　結束了傍晚的休息，一下到中央台就是鬧烘烘一片，原來是大家正忙著分食生日蛋糕，這是每個月初合作社提供——給當月份生日的職員每人一份——的小小福利，只是鮮少人會真的帶回家，大都是留給晚上值班的同事享用。

　　「喏！叔叔！給你。」和我同一班的表姪世芳，遞了一塊切好的蛋糕給我。

　　「誰生日？」我問。

　　「耀宗叔叔。」他說。

　　吃完蛋糕、點完名，我轉身要去接班，卻硬是被阿田叫了回來。

　　「蛋糕給你。」他說。

　　「我才剛吃過耶！」我說。

「你表哥的蛋糕你就多吃點！」他堅持。

我手上拿著蛋糕，心裡想著：這樣我的便當可怎麼吃
得下呀？

但不知為何，我卻一點也沒有放下它的念頭。

一走進看守所，我將蛋糕擺在桌上，先去完成交接。

回到座位上，我開始望著蛋糕發呆：

這可怎麼辦才好呢？我心想。

這時，我看到蛋糕下方的名牌，

突然間，我知道這塊蛋糕存在的真正意義。

我拿起它，快步走向其中一房。

「某某某！」

「有！」

「今天是你生日吧？」

「對啊。但這怎麼好意思呢？」

「生日快樂！」

「謝謝！」他眼中泛著淚光，向我道謝。

回到位置上，我一抬頭，正好看到監視器裡那個頻頻拭淚的身影，

　　我知道，這塊小小的蛋糕，

　　正溫暖著冰冷鐵窗下的一顆心。

深夜的勤務中心

2012.01.31鋼筆

夜深了，中央台三位同仁專心盯著監視器。經過的我，對著反射鏡畫下這場景……

晾不乾的衣服

2011.10.16鋼筆

　　監獄裡空間不足和衛生堪虞的弊病由來已久，就連收容人洗好的衣服要晾在哪裡，都一直是大家視而不見的老問題。

　　除了放晴的開封日外，新收房近兩百人的內衣褲——幾乎沒有間隔——就這樣一件挨一件地掛在狹小陰暗的走廊盡頭。所有的通風僅靠一台抽風機和一台工業電扇二十四小時吹著；遇到下雨的假日，那股近似發霉的味道就連經過聞到都令人作嘔，更別說穿在身上了。

　　碰上陰雨天就看運氣了，有時人犯等了一整天，拿到衣服後通常只說一句：「衣服沒乾。」只好髒衣服再穿一天、甚至兩天，也就難怪這裡得皮膚病的比例特別高。

　　記得以前某單位有一台超大卻上了鎖的烘衣機，我曾問同事：「機器是不是壞了？」得到的答案卻是：「壞

是沒壞，但要是每個單位都來烘衣服，那我不忙死才怪！」現在烘衣機不知哪去了，這理由可就更理直氣壯了吧！唉……

Chapter7

一閃一閃的星星

Evan

我什麼時候可以回家？

2013.05.01鋼筆

這兩天新收的兩個小朋友，分別是十三歲和十四歲，雖然都是第一次收容，但十三歲的這位因為有認識的同學在少觀所，加上懂得多聽、多問、多觀察，融入上沒有多大問題；而十四歲這位則有過動症，常常縮在角落啜泣，明顯適應不良。同仁交接時說他一整天不吃飯。

第二天一早打飯時，我問他：

「小朋友，今天要吃飯嗎？」

（搖頭）

「可是你都不吃的話，我們就要帶你去衛生科打針哦！你要吃嗎？」

（點頭）

收廚餘時，我問：

「有吃嗎？」

taro. May. 1. 2013.

（點頭）

我轉而問其他人。「同房小朋友，他有吃嗎？」

「有，他吃了兩個饅頭和豆漿。」

「很好！你很乖！」

他含著淚，終於開口說話：「那我什麼時候可以回家？」

「這個問題不能問我，要問你的觀護人。」

「為什麼？」

「因為我的工作就是不能放你回家。」

107 為什麼？
2013.04.08鋼筆

　　每次上班遇見之前宜蘭地院保護管束課程的小朋友，坦白說，我總是不太意外。

　　但，看見他帶傷的臉和滿身的紅疹進來，我又忍不住想知道為什麼……

　　「怎麼又來了？」

　　「我媽不讓我回家。」

　　「怎麼搞得身上都是紅疹？臉上的傷是怎麼回事？」

　　「聽人家說這是疥瘡。反正我沒地方去，只好……因為跑給警察追，所以被打。」

　　「你不是快結案了嗎？」

　　「對呀，六月就可以結了。唉……現在這樣，我真不知道怎麼跟觀護人講……」

　　「她人很好，跟她老實說就行了。」

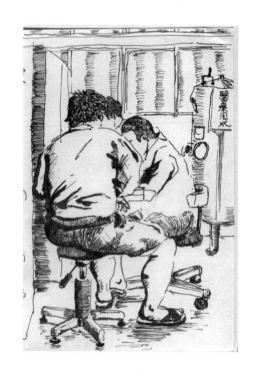

「我知道她很好，可我開不了口……」

小兄弟，我知道你的夢想。總有一天，你一定會成為心中那個很厲害的刺青師！加油吧！

園丁

「吳大哥，幫我叫一下這位。」

我將文件從郵包裡拿了出來，跟炊場的同仁說。

他聽到了叫喚，快步走來。

「蔚哥你找我？」他連忙拉著衣角，將不斷冒出的汗水抹去。

「幸夫愛兒園寄了文件給你。」

他愣了一下：「呃……我女兒在那……該不會發生什麼事了吧？」

「你想太多了。」我說。「昨天我才跟他們的院長和社工督導見過面，說要帶孩子出國參訪，我想這應該是同意書吧。」

本來擔憂的表情頓時洋溢著笑容，他驚訝道：「真的假的？」

「看吧！」我說。

「真的耶！我女兒要出國了！我女兒要出國了！」他興奮地大叫。

「放心吧！愛兒園的園丁們都很用心的。」

只見他擦著眼睛，不知抹去的是汗還是淚。

「真的，多虧他們，我這不盡責的老爸沒辦法給女兒的，他們都幫我給了，我真不知道要怎麼謝謝他們。」

「還有機會的，你就安心地把刑期服完，回去後好好陪女兒！我想這是給園丁們最大的感謝，也是你女兒最期盼的禮物。」

他聽了用力點頭。

我揹起沉重的郵包，緩緩地走出炊場。看到今天的場景，不禁映照起昨天榴芬姐的話，話語不斷地迴盪在我的腦海裡：

「不管是加害者或是被害者的孩子，其實都是犯罪的受害者，即使是犯了罪的孩子也不例外，都是我們心疼的孩子。」

是啊！那些我們眼中的壞孩子、收容少年，

他們的眼神為何比一般的孩子更天真？

他們的笑容為何比一般的孩子更無邪？

所以，當許觀跟我說：「我的孩子（個案）好像不太乖。」

我卻不如是想，我跟他說：「不，許觀，他們都是好孩子，而且格外令人心疼。」

我們唯一能做的，就是陪伴這些人們避之唯恐不及、甚至是被鄙視或排斥的人走一段路，然後盡我們微小的力量幫他們一把，使他們可以得到尊嚴、重獲新生。

孩子們，你們是我們國家的幼苗！

109

虞犯

2013.05.18鋼筆

「什麼是虞犯？」

已經來了好些日子的收容少年，指著自己的名籍牌問我。

「這有點難回答。」我說。的確，「少年事件處理法」裡的條文其實很難讓孩子明白。

「你有沒有跟幹壞事的人鬼混？有沒有去不該去的地方？有沒有逃學或逃家？有沒有混幫派？身上有沒有帶傢伙？有沒有嗑藥？有沒有準備去幹什麼壞事？」

我知道自己解釋得很爛，不過他倒是聽懂了，還不停地點頭。

「啊可是我都沒有啊！為什麼還進來關？」

「那你是幹嘛的？」

「我就沒有去報到嘛！」

我舉雙手雙腳投降，然後拍拍他的肩。

「你還是跟觀護人問清楚，為什麼把你留下吧！」

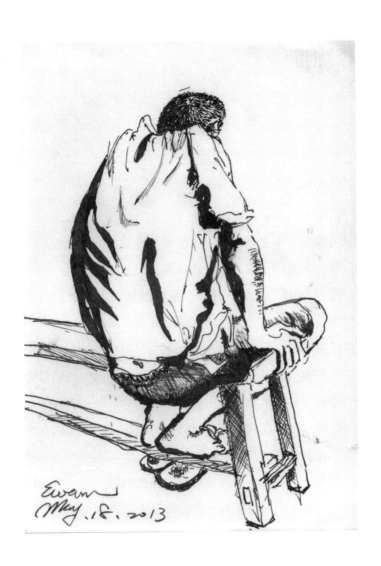

Ewan
May.18.2013

110

未來的主人翁

2013.04.20鋼筆

打飯時間。

「瞎密？爹拉抓！」

問收容少年進來幾次了，他毫不在乎的回答，連一旁打飯的雜役聽了都忍不住猛搖頭。

收容少年「出頭蓋贅」，是我們管理上頭痛的客戶群，眼看「國家未來的主人翁」成為「監獄未來的忠實客戶」，看在眼裡其實是很痛心的，可值班時出些爛攤子，又讓人恨得牙癢癢；偏偏又有極高的比例會從收容少年晉升為成年收容人。

民國九十年我回宜蘭監獄時，有位小兄弟從少觀所出去，沒多久再回鍋已是成年犯，因為卡到毒品，關到現在都三十多歲了，後面還有著長長的刑期。有一回跟他聊，問他：「回去後有什麼打算，還會不會用毒品？」

他說：「用當然是一定會用，反正我已經沒有未來

了，頂多求個不要進來關；要是再被抓，我就拚著，把

身上所有的藥一次打給它happy……」

111　還有十分鐘
2013.03.23鋼筆

「快點啦！洗澡時間還有十分鐘！」

戒護收容少年的替代役同仁，正趴在浴室窗戶上看著他們洗澡，並不停地催促他們加快速度。

監所時間安排是十分緊湊的，相信到過監所當志工的朋友應該都不陌生，除了控制收容人作息規律之外，另一個考量也是由於我們工作人員必須在不同時段到不同勤區執勤，因此常會在迫於時間壓力下，催促收容人在時限內完成現有的活動……

Evan. Mar. 23. 2013

112 路

　　生命本身在遭遇困難時，會自己尋找出路。

　　上週少觀所進來的孩子讓我印象頗為深刻，這已是第二次被裁定收容了。

　　阿山哥帶他進來時，提醒我他有先天性的糖尿病，我詢問他的家庭背景後，他告訴我，他的病是遺傳性的，家中除了他之外，父親和爺爺都有糖尿病。

　　我問：「你在外面有去看醫生嗎？」

　　他搖搖頭。「都沒有。」

　　我再問：「那有持續吃藥嗎？」

　　他說：「我上回出去時藥沒有帶走，就再也沒有吃了。」

　　我可以清楚感覺到一種貼近死亡的力量，是真正的貼近，但不致死亡。

孩子進房後，阿山哥說：「像這樣的孩子來我們這裡正好。」

　　我回他說：「怎麼這麼說呢，人生的願景不該只有這樣啊！」

　　他卻難掩無奈地說：「是沒錯啦，但是像他這樣生病的孩子，在外面連家人都沒法照顧，來我們這裡至少看病沒問題。」

　　我沉默。

　　一週之後我當班，看著孩子在施打胰島素的畫面，就在那一刻，我知道，阿山哥說的是對的……

　　對某些人來說，或許，監所給了他們最後的保護……

跋

　　人權意識日趨高漲的今天，司法改革已是迫在眉睫的事，但放眼望去多是探討法官、檢察官是否適任，以及訴訟程序正義等等相關議題，反而對司法執行層面的探討付之闕如。刑事執行是司法極為重要的一個環節，獄政現況和革新卻總是在司法改革議題中缺席。

　　「人都在關了，要不想怎樣？誰叫他要犯罪？活該！」社會大眾拒斥犯罪者是可以理解的，但大家經常忽略這個重要的公共議題──獄政是人權的衡量標準，國家是否合乎法治？對罪犯剝奪自由要到什麼程度？考驗一個國家的人權底線，罪責與刑罰能均等嗎？正義的底限又在哪裡？犯罪矯正能否奏效？更生人復歸社會是否值得信賴？治安可以改善嗎？由巨至微的這些，其實都和我們息息相關。

　　近年國考補習班以「監所管理員」一職為「最好考的公務員考試」作為宣導，來招攬考生，然而這份工作有著許多外界難以體會的壓力與挑戰，在收容人與管理人員比例極度失調的現況下，處於官僚體系最底層的我們，究竟要如何自處？面對混跡江湖的收容人，如何應之以智、對之以勇、動之以情？面對威脅利誘時，又要如何潔身自持？要如何在這充滿是非的職場中全心投入，而又能全身而退？

　　這不僅是一份養家活口的工作，它還有許多來自人民的

期盼與沉重的社會責任。為隔絕犯罪者而建起的高牆，令人難以一窺刑事執行的究竟，人們即便有心想了解也無從關心起。

畢竟，了解監所的只有兩種人：第一種是收容人，第二種是工作人員。收容人在被羈押或處分執行時無法對外發聲，非有大冤大屈難見於人，且一旦釋放離開監所後，苦窯歲月即成不堪回首的往事；而監內的工作人員，則受到官僚保護帝王條款：「公務人員服務法第四條」的箝制而禁聲。

對於我辦畫展與出書，朋友們是擔憂多於歡喜，尤其看到防詐達人陳惠澤先生因揭露血汗郵局一事被記大過的新聞報導，他們不免擔心我會遭到秋後算帳。但這並非爆料或是存心搞革命，而是想透過畫作，用藝術呈現的方式，讓犯罪矯正工作的不易可以得到更多人的了解和認同。

在這個充滿挑戰和壓力的職場，我們需要更多人的關注和投入，這不正是我們台灣在人權議題、刑事政策以及獄政管理上，可以努力的方向嗎？

林文蔚個展「裸命」開幕暨座談會

展覽期間：2013年10/01(二)～11/30(六)
座談會時間：2013年10/20(日)14：00～15：30
地點：691點共享聚落彰化縣員林鎮員草路691號
電話：04-8365571

※免費入場・歡迎參加

國家圖書館預行編目資料

獄卒不畫會死／林文蔚著
--初版. --臺北市：寶瓶文化, 2013. 09
面； 公分. --(Vision；110)
ISBN 978-986-5896-43-0（平裝）

1. 受刑人　2. 文集

548. 71407　　　　　　　　　102018166

Vision 110

獄卒不畫會死

作者／林文蔚

發行人／張寶琴
社長兼總編輯／朱亞君
主編／張純玲・簡伊玲
編輯／禹鐘月・賴逸娟
美術主編／林慧雯
校對／禹鐘月・呂佳真・劉素芬・林文蔚
企劃副理／蘇靜玲
業務經理／盧金城
財務主任／歐素琪　業務助理／林裕翔
出版者／寶瓶文化事業有限公司
地址／台北市110信義區基隆路一段180號8樓
電話／(02) 27494988　傳真／(02) 27495072
郵政劃撥／19446403　寶瓶文化事業有限公司
印刷廠／世和印製企業有限公司
總經銷／大和書報圖書股份有限公司　電話／(02) 89902588
地址／台北縣五股工業區五工五路2號　傳真／(02) 22997900
E-mail／aquarius@udngroup.com
版權所有・翻印必究
法律顧問／理律法律事務所陳長文律師、蔣大中律師
如有破損或裝訂錯誤，請寄回本公司更換
著作完成日期／二〇一三年八月
初版一刷日期／二〇一三年九月
初版二刷日期／二〇一三年九月三十日

ISBN／978-986-5896-43-0
定價／三〇〇元

Copyright©2013 by Ewan Lin.
Published by Aquarius Publishing Co., Ltd.
All Rights Reserved.
Printed in Taiwan.

AQUARIUS

寶瓶文化事業

愛書人卡

感謝您熱心的為我們填寫，
對您的意見，我們會認真的加以參考，
希望寶瓶文化推出的每一本書，都能得到您的肯定與永遠的支持。

系列：Vision110　　**書名：獄卒不畫會死**

1. 姓名：＿＿＿＿＿＿＿＿　性別：□男　□女

2. 生日：＿＿＿年＿＿＿月＿＿＿日

3. 教育程度：□大學以上　□大學　□專科　□高中、高職　□高中職以下

4. 職業：＿＿＿＿＿＿＿＿

5. 聯絡地址：＿＿＿＿＿＿＿＿＿＿＿＿＿＿＿＿＿＿＿＿＿＿＿＿

　 聯絡電話：＿＿＿＿＿＿＿＿　手機：＿＿＿＿＿＿＿＿＿

6. E-mail信箱：＿＿＿＿＿＿＿＿＿＿＿＿＿＿＿＿＿＿＿＿

　　　　□同意　□不同意　免費獲得寶瓶文化叢書訊息

7. 購買日期：＿＿＿年＿＿＿月＿＿＿日

8. 您得知本書的管道：□報紙／雜誌　□電視／電台　□親友介紹　□逛書店　□網路
　 □傳單／海報　□廣告　□其他

9. 您在哪裡買到本書：□書店，店名＿＿＿＿＿＿　□劃撥　□現場活動　□贈書
　 □網路購書，網站名稱：＿＿＿＿＿＿　□其他＿＿＿＿＿

10. 對本書的建議：（請填代號　1. 滿意　2. 尚可　3. 再改進，請提供意見）
　　 內容：＿＿＿＿＿＿＿＿＿＿＿＿＿＿
　　 封面：＿＿＿＿＿＿＿＿＿＿＿＿＿＿
　　 編排：＿＿＿＿＿＿＿＿＿＿＿＿＿＿
　　 其他：＿＿＿＿＿＿＿＿＿＿＿＿＿＿
　　 綜合意見：＿＿＿＿＿＿＿＿＿＿＿＿＿＿＿＿＿＿＿＿

11. 希望我們未來出版哪一類的書籍：＿＿＿＿＿＿＿＿＿＿＿＿＿

讓文字與書寫的聲音大鳴大放

寶瓶文化事業有限公司

（請沿此虛線剪下）

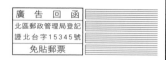

廣 告 回 函
北區郵政管理局登記
證北台字15345號
免貼郵票

寶瓶文化事業有限公司　收

110台北市信義區基隆路一段180號8樓

8F,180 KEELUNG RD.,SEC.1,

TAIPEI.(110)TAIWAN R.O.C.

（請沿虛線對折後寄回，謝謝）